LE NOUVEL ART DE PLIER LES SERVIETTES

Horst Hanisch

LE NOUVEL ART DE PLIER LES SERVIETTES

SOLAR

Avant-propos

Voici plusieurs années que l'art de la table est à nouveau au goût du jour. Or, si présenter une belle table est de rigueur lorsqu'on organise un dîner élégant, il n'est pas toujours aussi évident d'accorder le même soin à la décoration de la table des repas quotidiens. C'est bien dommage, car le cadre, et donc la table, contribuent largement à créer l'ambiance du petit déjeuner, du déjeuner ou du dîner. Le nombre croissant d'articles qui traitent de ce sujet dans la presse prouve assez l'engouement qu'il suscite à nouveau aujourd'hui.

Dans le présent ouvrage nous avons mis l'accent sur l'art de plier les serviettes en papier, car il semble qu'elles prennent largement le pas, de nos jours, sur les traditionnelles serviettes en tissu.

En effet, si l'utilisation de serviettes en papier dans les grandes occasions était encore inconcevable il y a quelques années, il faut bien admettre que la tendance actuelle s'inverse, aussi bien dans les grands restaurants que dans les soirées privées. Les serviettes en papier présentent d'ailleurs quelques avantages non négligeables : elles sont hygiéniques, ne réclament aucun entretien et se déclinent dans une immense palette de coloris afin de se plier à toutes les fantaisies ! Elles peuvent en outre être utilisées seules ou par deux, dans des couleurs différentes, pour des pliages encore plus réussis.

Les nombreux modèles de pliages contenus dans cet ouvrage sont illustrés et expliqués pas à pas. Vous disposerez ainsi de tous les éléments nécessaires à une réalisation parfaite.

Une fois familiarisé avec la technique, vous aurez sûrement envie de créer vos propres modèles. Bon nombre de mes lecteurs ou de personnes ayant participé à mes ateliers m'ont fait part de l'admiration que suscitent leur habileté et leur créativité dans leur entourage privé et professionnel.

Allier le plaisir des yeux à celui du palais est important à une époque où l'apparence joue un rôle aussi essentiel. En dressant une jolie table, l'hôte crée d'emblée une atmosphère détendue et offre un sujet d'entrée en matière tout trouvé à ses invités admiratifs. Une fois la conversation amorcée, l'échange peut se poursuivre naturellement.

Même si les serviettes de table ne vous avaient pas semblé un accessoire essentiel jusqu'ici et si vous n'aviez accordé qu'une attention relative à leur fonction ornementale, vous pouvez vous rendre compte vous-même de l'effet produit en réalisant l'un des modèles expliqués dans les pages suivantes à l'occasion d'une réception, d'un buffet ou même d'un simple repas de famille. Choisissez toujours des serviettes assorties à votre nappe et complétez la décoration de la table par un joli bouquet. Il ne me reste plus qu'à vous souhaiter beaucoup de plaisir dans la réalisation de vos modèles ! Alors à vos serviettes !

Sommaire

Original

Avec accessoires

Bien que présente de nos jours dans tous les foyers, la serviette de table est une invention assez récente qui est longtemps restée l'apanage des milieux les plus aisés et ne s'est imposée que progressivement dans toutes les couches de la société. Outre son intérêt purement utilitaire, on lui reconnaît aujourd'hui une valeur décorative certaine que l'on exploite de plus en plus en lui donnant les formes les plus extravagantes.

▷ *Dans le « Déjeuner des canotiers » d'Auguste Renoir (1881), toute la société s'est réunie sur la terrasse autour d'une table informelle pour le déjeuner.*

Petite histoire de la serviette

La tradition de la nappe remonte au Moyen Age. Des peintures de l'époque montrent que la table était alors recouverte d'un grand carré de tissu dont les pans retombaient jusqu'à terre et que les convives utilisaient à la fois pour protéger leurs vêtements et pour s'essuyer les doigts et la bouche.

De la nappe à la serviette de table
Au fil des siècles, les us et les coutumes de la table ont évolué de manière totalement différente en fonction des pays

▽ *A l'époque de nos grands-mères, les serviettes de table en tissu, brodées à la main, faisaient partie intégrante du trousseau de mariage. C'étaient des objets précieux dont on prenait grand soin.*

et des modes. Ces écarts culturels se retrouvent d'ailleurs aujourd'hui dans les habitudes de table et les règles de savoir-vivre des différentes civilisations.

La « véritable » serviette de table, c'est-à-dire ce carré de tissu individuel et séparé de la nappe, est apparue il y a quelque trois cents ans. Mais ce n'est qu'au XVIIIe siècle, principalement chez nous, en France, où l'art de la table est un élément à part entière de la culture, qu'elle s'est définitivement imposée. Toujours utilitaire aujourd'hui, la serviette était encore souvent purement décorative à l'époque. Elle était alors parfois d'une splendeur et d'une taille impressionnantes.

En fait, la redécouverte de la porcelaine en 1707 par le comte von Tschirnhaus et Johann Friedrich Böttger fut l'événement décisif qui donna le véritable coup d'envoi à l'art de la table. La construction en 1710 de la première fabrique de porcelaine à Meissen marqua le début de l'ère des grands services composés d'innombrables pièces ornées d'un même motif. De somptueux couverts en argent et des serviettes d'une richesse éblouissante vinrent compléter la table avec art. Les maîtres de maison rivalisaient d'inventivité pour donner les formes les plus extravagantes à cet accessoire qui s'avérait aussi utile que décoratif sur une table de réception. A la cour de François Joseph Ier d'Autriche (1830-1916) par exemple, les fastueuses serviettes de damas tissées aux armes de l'empereur étaient pliées selon une étiquette précise. Il arrive d'ailleurs encore aujourd'hui, lors des grands banquets gouvernementaux d'Autriche, que l'on utilise des modèles de pliages datant de cette époque.

▽ ***Déjeuner d'une famille bourgeoise de la première moitié du XIXe siècle (gravure en couleur sur cuivre de Johann Michael Voltz). Le maître de maison a attaché son immense serviette en la glissant dans son encolure, comme cela se faisait alors. Aujourd'hui, on étale simplement sa serviette sur ses genoux.***

◁ *« Dîner à la cour impériale » (1895), ici la table de cérémonie de Guillaume II avec, comme décor, des fleurs et un somptueux surtout de table. (Gravure en couleur sur bois de William Pape.)*

▽ *Dans cette scène de dîner en tête-à-tête (film allemand muet et colorisé de 1928 intitulé « Der Ballett-Erzherzog », avec Dina Gralla et Albert Paulig), la table est ornée de fleurs et de serviettes posées à plat.*

Le trousseau de nos grands-mères

A l'époque de nos grands-parents, les serviettes faisaient partie du trousseau de mariage. Elles étaient en tissu, souvent de très grande taille, et brodées à la main de magnifiques motifs et monogrammes.

On en prenait alors un tel soin qu'elles duraient souvent toute une vie. Lorsqu'on disposait d'assez de place, on les étalait à plat au lieu de les empiler pour éviter les faux plis. Aujourd'hui, ce précieux héritage n'est plus guère utilisé car ce linge est d'un entretien difficile puisqu'il demande à être amidonné et repassé.

La serviette des temps modernes

Deux guerres mondiales et leurs conséquences ont obligé la majeure partie des gens de ce siècle à régler leurs problèmes existentialistes avant de penser au reste. L'intérêt accordé à l'art de la table et au pliage des serviettes a donc diminué en conséquence jusqu'à la reprise de la croissance économique.

Serviettes en tissu et serviettes en papier

La décennie soixante-dix a été marquée par une prise de conscience générale dans les pays occidentaux des besoins d'amélioration de l'hygiène. C'est à partir de là que la serviette en papier, beaucoup plus pratique, a remplacé la

△ *Le style des années trente : le thé se sert dans des tasses toutes simples. La table est dressée dans les règles de l'art.*

traditionnelle serviette en tissu. On la posait alors simplement à plat. Pour des raisons d'hygiène, on évitait de la toucher et de lui donner une quelconque forme.

D'innombrables possibilités

Avant de commencer vos pliages, allez vous rendre compte vous-même dans les magasins de la grande diversité de l'offre actuelle en matière de serviettes. Vous verrez que l'on trouve des serviettes en papier dans tous les coloris possibles et imaginables, unies ou imprimées, avec les motifs les plus variés. C'est important lorsqu'on a l'intention d'habiller sa table avec originalité. Voici, à titre d'exemple, une liste non exhaustive des différents tons disponibles dans le commerce : vert, vert kaki, vert jade, vert d'eau, rose, rose bonbon, vieux rose, bordeaux, rouge, jaune, jaune d'or, crème, sable, jaune melon, orange, mauve, bleu pâle, bleu, bleu marine, gris anthracite, gris, brun, blanc, argent, or et noir.

L'art de plier les serviettes

Revenons rapidement sur les débuts de l'art du pliage des serviettes. Nous avons vu que les serviettes étaient autrefois souvent purement décoratives et qu'elles tendaient à nouveau à remplir cette fonction de nos jours. Elles complètent joliment

les coupes, vases ou bougeoirs d'ornement et offrent un nombre infini de possibilités quant à la forme et à la composition puisqu'elles peuvent en outre être associées à toutes sortes de matériaux. Elles permettent de réaliser de vastes éventails ou des colonnes élevées qui sont du meilleur effet posés un peu en arrière-plan sur un buffet ou une desserte. Tout n'est qu'une simple question de goût.

C'est en 1981 que j'ai publié mon premier livre en allemand sur l'art de plier les serviettes. L'évolution des mœurs relatives à l'art de la table semblait en effet avoir pris un tournant décisif indéniable. On se remettait à apprécier les belles tables, mais en privilégiant la fantaisie des couleurs et l'originalité des formes. La serviette devait donc naturellement jouer un rôle décoratif important.

L'art du pliage des serviettes continue à se développer aujourd'hui. Ce petit carré de tissu ou de papier n'est plus désormais considéré comme un simple accessoire utilitaire et sa valeur hautement décorative est à nouveau reconnue. N'hésitez donc pas et joignez-vous à moi pour faire profiter votre entourage de vos talents de créateur !

◁ *« Le Dîner » dans une famille bourgeoise (lithographie au crayon vers 1860). D'immenses serviettes protègent les habits. Celles des enfants sont nouées dans le dos.*

▽ *« Le Déjeuner dans la serre », peinture de Louise Abbema (1877). Une famille de la grande bourgeoisie déjeune dans un cadre exotique.*

A *propos* *de la* *serviette*

Dresser une belle table demande aussi du style, de la créativité et de l'originalité. Que vous la vouliez classique, raffinée, originale ou romantique, vous trouverez dans ces pages des idées et des conseils pratiques pour tous les genres.

Quelques remarques de fond

Les serviettes peuvent avoir deux fonctions : les serviettes de table, les serviettes de cocktail et les serviettes de décoration sont réservées aux convives alors que les cuisiniers et le personnel de restauration s'en servent soit pour dresser certains plats ou comme insigne de la fonction de maître d'hôtel.

Lors du service, maîtres d'hôtel ou garçons de café portent la serviette pliée sur le bras gauche. Par ailleurs, selon les règles traditionnelles de la cuisine, certains mets – les truffes, les pommes de terre en robe des champs ou les toasts – sont servis « à la serviette », c'est-à-dire placés dans une serviette de façon à les maintenir au chaud pour une meilleure dégustation. Les asperges cuites à l'eau sont dressées sur une serviette blanche pliée au fond du plat qui absorbe l'eau qui peut encore s'en écouler.

Les invités utilisent la serviette de table pour s'essuyer la bouche pendant et après le repas, avant de boire et pour protéger leurs vêtements. Au début du repas, chacun déplie sa serviette et la pose à plat sur ses genoux.

Serviettes de table et de buffet

Mais les serviettes de table peuvent être disposées ailleurs que sur la table de réception. Si vous avez par exemple prévu une grande gerbe de fleurs qui doit seule attirer toute l'attention ou si vous avez organisé un repas estival constitué de plats froids hauts en couleur dont rien ne doit distraire vos convives, vous pouvez placer les serviettes sur une desserte ou un buffet à portée de main. Ils se serviront tout seuls et pourront en

▷ *Il existe des serviettes en tissu toutes simples ou ornées de motifs tissés divers qui se déclinent dans une grande variété de coloris.*

même temps admirer à loisir la palette de couleurs que vous aurez composée à leur intention. Présentées sous cette forme, les serviettes de table sont également parfois appelées « serviettes de buffet ».

Pour les grandes réceptions où de nombreux plats se succèdent, prévoyez des serviettes de plus grandes dimensions.

Serviettes de cocktail

Si votre réception prend la forme d'un cocktail où l'on grignote debout et où l'on sert champagne et amuse-gueule, optez de préférence pour des serviettes de cocktail : plus petites et plus fines, mais proposées en plus grand nombre, elles seront plus pratiques pour vos invités. Cela dit, elles ne conviennent absolument pas pour un repas traditionnel à table.

Enfin, vous pouvez aussi plier avec art quelques serviettes et les placer sur la table parmi des fleurs, des bougeoirs ou d'autres petites surprises, pour l'unique plaisir des yeux.

Pour produire un effet vraiment réussi, les serviettes de décoration doivent apporter une note colorée à l'ensemble de la composition.
Choisissez-les monochromes ou associez-les pour créer des contrastes de couleurs tout en respectant le style du service de table et des autres ornementations choisis. Vous trouverez une multitude de suggestions de décorations au chapitre « Serviettes multicolores ».

Surnappe

Pour être complets, il nous reste encore à parler brièvement des surnappes. Elles n'ont rien à voir avec les serviettes mentionnées plus haut et sont en fait des mini-nappes carrées d'environ 80 × 80 cm de côté que l'on rencontre le plus souvent dans les bons restaurants. De taille relativement modeste, elles recouvrent la partie de la nappe la plus exposée aux taches et peuvent être rapidement changées pour chaque nouveau client. Chez soi, elles peuvent utilisées d'une façon décorative en offrant un contraste de couleurs avec la nappe placée en dessous.

△ *L'avantage de disposer d'une grande réserve de serviettes est que l'on peut y puiser à tout moment pour improviser un décor de table original.*

Serviette en tissu ou serviette en papier ?

La question du choix se pose régulièrement de nos jours et il n'est pas toujours facile de donner la préférence à l'une ou l'autre, car elles ont toutes deux des avantages et des inconvénients. Les serviettes en tissu, souvent ornées de superbes motifs tissés, brodés ou imprimés, sont de mise dans les grandes réceptions ou sur les tables de fête. Elles sont en outre indiscutablement plus pratiques pour les invités, car elles sont généralement plus grandes que les serviettes en papier et protègent donc mieux

△ *Associées à des serviettes unies, les serviettes imprimées permettent de réaliser de charmantes décorations.*

▷ *Ayez toujours sous la main des serviettes et des accessoires en tous genres : vous ne serez ainsi jamais pris au dépourvu pour dresser une table à votre goût.*

les vêtements. Mais ces dernières se prêtent mieux à la réalisation de toutes sortes de pliages, même les plus complexes, car elles sont toutes de la même dimension et ne se déforment pas comme les serviettes en tissu. De plus, elles n'occasionnent aucun travail supplémentaire à la maîtresse de maison, puisqu'elles n'ont besoin d'être ni lavées, ni repassées. Elles existent dans une immense palette de coloris et peuvent être sans problème assorties à la vaisselle, à la nappe ou aux décorations de table tout en leur apportant une note de raffinement. Les serviettes en papier offrent une multitude de possibilités de décoration en harmonie avec les goûts de notre époque qui tendent vers une ambiance décontractée, mais néanmoins soignée. Elles en viennent donc naturellement, aujourd'hui, à supplanter les serviettes en tissu tant chez les particuliers que dans la restauration.

Bon nombre de serviettes en papier disponibles dans le commerce s'associent admirablement avec le linge de table traditionnel et il est parfaitement possible de combiner le tissu et le papier pour le plus ravissant des résultats.

A chaque occasion sa serviette

Le choix de la serviette en fonction de l'occasion n'obéit naturellement pas à des règles strictes. Il existe cependant des lignes directrices qu'il convient de suivre lorsqu'on cherche à créer une ambiance conviviale et harmonieuse autour de la table qui réunit famille ou amis.

Il y a longtemps que la serviette n'est plus uniquement pratique et qu'elle compte comme un accessoire de décoration de la table à part entière, avec son caractère et son originalité propres.

▷ *Pour que le repas de Noël soit un événement unique, ornez votre maison d'un décor de fête et dressez votre table avec élégance.*

Une table joliment dressée est l'expression du savoir-vivre et du raffinement des hôtes de la maison. Or, on trouve aujourd'hui sur le marché une telle diversité de serviettes de couleurs aussi belles que bon marché, que créer l'ambiance de son choix ne pose plus aucun problème.

Un style personnel

La nappe habille la table tout en la protégeant des petits accidents. Son choix et celui des serviettes assorties trahissent la personnalité du maître ou de la maîtresse de maison qui peut laisser s'exprimer librement son imagination et sa créativité afin de servir son repas dans un décor original. Il suffit pour cela d'un peu de réflexion préalable, d'un soupçon d'habileté vite acquise et de quelques accessoires très courants. Avec un peu de pratique, vous pourrez vous aussi vous essayer à des associations inhabituelles et devenir un véritable artiste du pliage des serviettes.

Associations

La palette des coloris et des motifs disponibles sur le marché est si vaste qu'elle offre un nombre quasiment illimité de possibilités de décoration. Que vous souhaitiez créer une ambiance rustique, solennelle, moderne ou extravagante, vous n'aurez aucun mal à vous procurer la matière qui vous permettra de donner corps à vos idées.

Choisissez des serviettes simples et plutôt bon marché pour la table quotidienne et réservez les serviettes plus coûteuses aux grandes occasions.

Formes de base

Tous les modèles de cet ouvrage sont réalisés avec des serviettes carrées. Les serviettes en papier sont vendues dans le commerce dans les tailles 33 × 33 cm, 40 × 40 cm et 41 × 41 cm, tandis que celles en tissu mesurent généralement 50 × 50 cm, parfois plus. Il existe aussi des serviettes rondes de 32 cm de diamètre. Les serviettes dites de « cocktail » sont plus petites (20 × 20 cm) et ne servent généralement pas au pliage. Elles sont présentées en éventails ou en piles sur une table de buffet ou une desserte lors des cocktails, des vins d'honneur ou d'autres réceptions où l'on reste debout. Comme elles sont en outre relativement fines, elles ne conviennent pas aux autres occasions.

Serviettes multicolores

Couleurs harmonieuses et formes équilibrées ont une influence bénéfique sur notre bien-être. Rien de tel qu'une belle table pour détendre l'atmosphère et se mettre en train. Les serviettes en papier, disponibles dans d'innombrables couleurs, permettent toutes les fantaisies.

Décor de fleurs
Les compositions florales s'achètent bien sûr toutes faites chez les fleuristes. Mais on peut aussi très bien les réaliser soi-même en les combinant à des serviettes pliées avec art. pour un effet des plus réussis. Les possibilités de variations sont innombrables. Pour juger vous-même de l'effet produit, amusez-vous à dresser votre table dans des tons pastel, des coloris classiques plus vifs comme le rouge et le bleu ou une élégante harmonie de blancs et voyez comme le résultat peut changer.

Il existe également une gamme très variée de serviettes pour enfants. N'oubliez pas que le choix des couleurs trahit un état d'esprit et qu'il joue sur l'ambiance. Deux tons unis ne doivent jamais jurer. Le choix des serviette doit également tenir compte des teintes de la vaisselle, du couvert et des autres décorations de table. Il ne doit jamais y avoir plus de trois couleurs dominantes.

Saisons
Chaque saison a ses propres couleurs. Celles du printemps sont claires : jaune, vert, bleu ciel et mauve. L'été est la saison des couleurs chatoyantes comme le jaune d'or, l'orange et le rouge vermillon. Le bleu foncé, le rouge, le violet, le brun et toutes les teintes mordorées règnent sur l'automne.

▷ *Les roses du bouquet relèvent avec goût le duo rouge et blanc des serviettes agrémentées de tendres dentelles. Quelques pétales négligemment dispersés sur la nappe assurent la touche finale.*

△ *Le soleil, la mer et le sable offrent un cadre parfait pour un buffet en plein air.*

Couleurs et ambiance

Les couleurs exercent des influences différentes sur nous : le vert, par exemple, inspire le calme, l'équilibre et l'harmonie ; le bleu a un effet apaisant et favorise les pensées liées à l'avenir. Le rouge symbolise l'agressivité, la force de persuasion et la chaleur. Le rouge vif sera parfait pour un dîner espagnol car il crée une ambiance chaleureuse et active.

Fêtes religieuses

Des couleurs différentes sont associées aux fêtes religieuses. Pour une réception d'épiphanie, par exemple, il convient de travailler en vert et blanc. Le blanc, qui symbolise l'innocence et la pureté, se combine aussi respectivement à l'argent et à l'or pour des noces d'argent et d'or.

A Pâques, le jaune et le vert annoncent les premières belles fleurs de l'année, tandis que le mauve est souvent choisi pour fêter la Pentecôte et que le rouge, le vert et l'or sont traditionnellement les couleurs de Noël.

Soirées à thème

Si vous organisez une réception à thème, choisissez vos couleurs en conséquence. Dans une soirée italienne, par exemple, il faut du vert, du blanc, du rouge ou une combinaison des trois. Et n'hésitez pas à créer de nouvelles variantes, vous n'y prendrez que plus de plaisir.

Comment dresser la table

Un repas de fête, qu'il soit familial ou plus mondain, se prépare toujours soigneusement à l'avance. Et il y a fort à faire lorsque l'on souhaite offrir à ses invités un repas gastronomique, qui plus est dans un cadre et une ambiance inoubliables. Voici donc quelques conseils de base qui vous permettront de dresser une table raffinée et conforme à toutes les règles de l'art.

Pour tous les adeptes de belles tables, c'est la serviette (et donc sa présentation) qui tient le rôle principal parmi les accessoires de décoration. Or, elle ne sera véritablement mise en valeur que si elle s'inscrit en harmonie avec son cadre. Autrement dit, le maître ou la maîtresse de maison doit prévoir avec soin tous les éléments qui contribuent à obtenir une table parfaite avant de la dresser avec amour. Pour qu'un repas raffiné se déroule dans une ambiance détendue, il est donc important de soigner le cadre. Il faut notamment veiller à ce que les couverts soient parfaitement parallèles entre eux et perpendiculaires au bord de la table. Quant au pliage des serviettes, vous vous rendrez vite compte que même si vous devez, là aussi, viser la perfection, vous ne parviendrez malgré tout jamais à en faire deux pareilles. Ce n'est pas grave, le principal est que l'ensemble renvoie une image harmonieuse, comme le montrent les magnifiques tables photographiées dans cet ouvrage. A ce propos, vous aurez peut-être parfois l'impression que seul le couvert de premier plan est bien mis. Ce n'est qu'une impression d'optique due à la profondeur de champ.

▷ *Lorsque le repas se compose d'un plat unique, un couteau, une fourchette et un verre suffisent. C'est le cas des soirées « barbecue » et des pique-nique en plein air. La serviette est placée derrière le couvert.*

Le couvert

Outre la serviette, le couvert comprend les assiettes, les verres et les couverts. Les jolis porte-couteaux hérités de nos grands-mères en font également partie et reviennent avec raison à la mode. Les couverts courants sont une fourchette, un couteau et une cuiller à soupe ; une fourchette et un couteau à fromage ; une fourchette, un couteau et une petite cuiller à dessert. Au besoin, on peut aussi disposer une fourchette et un couteau à poisson, une assiette creuse pour le potage et une petite assiette pour le pain. Les assiettes de présentation, de coloris différent, sont très en vogue actuellement. Elles servent bien entendu à protéger la nappe, mais leur fonction est avant tout décorative.

◁ *On dispose la panoplie tout entière des couverts dans les grandes occasions et lorsque le menu prévoit au moins trois plats. Viennent s'y ajouter les verres correspondants aux différents vins. Ici, la serviette est placée sur l'assiette.*

▷ *La serviette est disposée à droite du couvert. Il doit y avoir assez de place sur la table pour que la serviette ne soit pas trop près des verres : ce peut être dangereux et ce n'est pas très esthétique.*

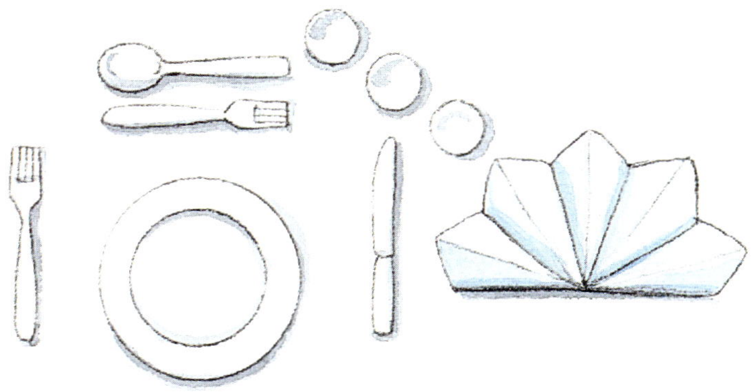

◁ *La serviette peut être posée à gauche du couvert. Veillez à ce que la serviette ne soit pas trop près du couvert voisin afin que les convives ne se trompent pas.*

▷ *A la mode anglo-saxonne, la serviette est placée sur l'assiette à pain, à gauche du couvert. Cela n'est naturellement possible que lorsque le pain et le beurre n'ont pas à être apportés dès le début du repas. Sinon, on peut régler ce petit problème en pliant la serviette en forme de corbeille.*

Les verres à vin blanc, à vin rouge et à eau sont disposés devant l'assiette. La coupe à champagne doit également figurer pour les grandes occasions. Les apéritifs se prennent le plus souvent à part, avant le repas. De design élégant ou original, la salière et le poivrier sont placés à portée de main des convives. Les autres épices ne sont proposées que lorsque les plats le réclament. La moutarde, par exemple, se sert avec certaines viandes, dans un petit pot spécial muni d'une cuiller. Les cendriers n'ont pas leur place sur la table du repas et ne doivent être apportés qu'une fois le dessert achevé, en même temps que le café ou le digestif.

Tous les verres sont disposés en haut à droite du couvert ou au centre. Les couteaux et les cuillers figurent à droite de l'assiette, sauf le couteau à pain et les couverts à dessert. Les fourchettes, excepté les fourchettes à dessert, sont à gauche. Tous les couverts, sauf les couverts à dessert, sont posés les uns à côté des autres, de l'extérieur vers l'intérieur et de haut en bas dans l'ordre d'utilisation. On en utilise généralement deux pour l'entrée et le plat principal, mais un seul pour la soupe et le dessert. Les verres sont placés par ordre de taille, de la gauche vers la droite, en terminant par la flûte à champagne le cas échéant.

▽ *Sur une table allongée, les serviettes doivent être parfaitement alignées et les couverts équidistants.*

La serviette

Il existe de nombreuses possibilités pour placer la serviette. La plus courante est sur l'assiette de présentation, c'est-à-dire au milieu du couvert. Cela permet d'éviter tout doute quant à l'attribution de la serviette. Si vous avez préparé un carton pour le menu, l'idéal est de le placer entre la serviette et l'assiette. Cette solution est parfaite pour une fête d'été ou une petite soirée entre amis sur la terrasse. Cela évite que de brusques rafales de vent n'emportent votre menu.

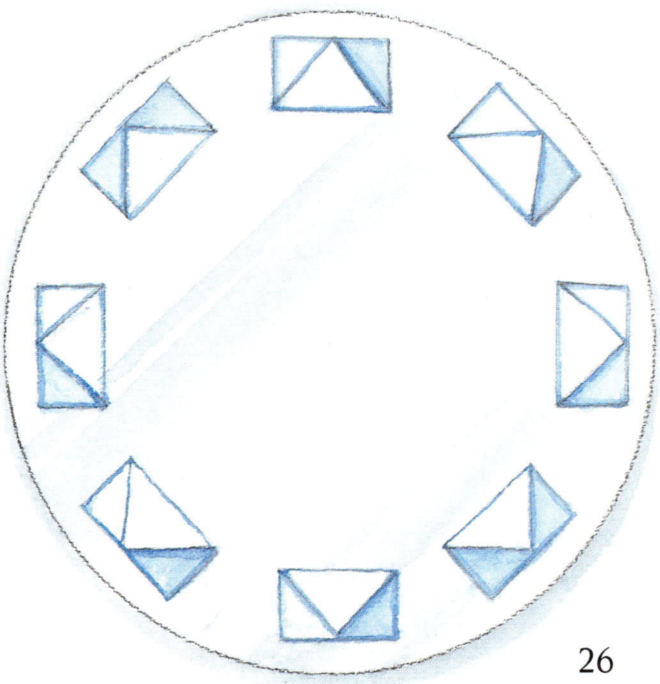

◁ *Les couverts doivent également être équidistants sur une table ronde.*

◁ *Une table dressée exactement de la même façon, mais en variant les couleurs permet d'obtenir des effets très différents.*

▷ *Les serviettes pliées à plat sont simplement posées dans l'assiette, car sinon elles prendraient trop de place.*

◁ *C'est lorsque la serviette est placée derrière l'assiette que le convive dispose de la plus grande liberté de mouvement. Mais cela n'est possible qu'avec une table d'une certaine largeur.*

Buffets et dessertes

Il existe aussi de multiples façons d'arranger une jolie pile de serviettes lorsque la soirée prend la forme d'un cocktail ou d'un barbecue en plein air. Disposées avec art sur une table annexe ou une desserte, elles se tiennent prêtes à servir aux convives qui, après une mise en condition par le vin d'honneur, se régaleront d'amuse-gueule appétissants et de délicieux plats froids.

Si les petites friandises dispersées sur le buffet ne vous paraissent pas suffisantes, vous pouvez donner une dernière touche à l'ensemble en pliant avec art une ou deux serviettes purement décoratives. Certains pliages de grande envergure comme l'éventail ou la fleur de lotus sont particulièrement élégants, même placés isolément.

Pour le convive

Cela dit, la serviette de buffet est généralement beaucoup plus modeste, car elle doit répondre à un certain nombre d'exigences. Elle ne doit, par exemple, pas se défaire avant que le convive n'ait regagné sa place.

▷ *Cette serviette pliée en forme de phoque est d'un effet décoratif très original sur la table d'un buffet.*

Il doit pouvoir la tenir facilement d'une main, car il se sert généralement de l'autre pour porter son verre ou son assiette. Elle ne doit pas non plus tenir trop de place sur la table du buffet. Il est donc évident que les formes volumineuses ne conviennent pas et que pour bien remplir leur office, ces serviettes doivent être pliées à plat et empilées. Cela ne signifie pas qu'il faille les empiler sans façon au sortir du paquet ou sans aucune fantaisie sur le coin de la table. L'effet sera beaucoup plus réussi si vous alternez les couleurs et si vous les décalez légèrement en éventail. Pour un repas italien, essayez par exemple d'alterner des serviettes rouges, blanches et vertes.

Les serviettes constituent, avec le couvert, la touche finale à une jolie table de buffet. Les convives ont alors tout ce qu'il faut entre les mains, au sens propre du terme, pour soigner leur petite personne.

Pour protéger la nappe
Un petit accident est vite arrivé dans l'agitation qui règne autour d'un buffet bien garni et il n'est pas rare qu'un peu de nourriture tombe à côté du plat de service ou que le merveilleux coulis à la framboise déborde de sa saucière. Une serviette placée en dessous comme protection permet souvent d'éviter les taches rebelles tout en apportant une jolie note de couleur à l'ensemble.

Corbeilles surprises
Quand le buffet commence à se vider et que le délicieux arôme du café se met à flotter dans la maison, le moment est venu d'offrir une dernière petite surprise à vos invités. La table, entre-temps débarrassée et recouverte d'une surnappe ou de sets propres, est prête à recevoir le café fumant et tout un assortiment de friandises (biscuits, bonbons, pralinés ou chocolats) joliment présentées dans des serviettes pliées en forme de petites corbeilles. Pour que ceux qui surveillent leur ligne avec une volonté de fer ne se sentent pas de reste et pour faire de votre soirée un événement vraiment inoubliable, vous pouvez aussi disposer des corbeilles emplies de mini-cadeaux. Les formes les mieux adaptées à la présentation de petits paquets sont les corbeilles semi-sphériques et ovales suffisamment profondes.

△ *La serviette est ce que les convives prennent en dernier sur la table du buffet.*

▽ *Les serviettes pliées en forme de corbeilles pourront recevoir friandises ou petits paquets.*

Pliage des serviettes et hygiène

Le pliage des serviettes ne peut évidemment pas se faire sans manipulation. On trouve donc toujours quelqu'un pour objecter que des bactéries se déposent inévitablement sur le tissu ou le papier lorsqu'on touche les serviettes pour les mettre en forme, que ce n'est pas hygiénique et que cela peut même être « dangereux » pour les convives.

La question de l'hygiène se pose inévitablement lorsqu'on met des serviettes en forme, puisque des germes risquent d'être transmis au tissu ou au papier par le contact avec les doigts. Cela dit, comme les règles d'hygiène sont relativement strictes sous nos latitudes, les microbes ne se propagent généralement pas si facilement. Bon nombre de maladies liées au manque d'hygiène et autrefois problématiques ont presque disparu de nos jours. De plus, les bactéries ont des modes de transmission bien spécifiques. N'oubliez pas non plus que les microbes sont présents partout autour de nous, que ce soit dans l'air, sur les rampes d'escalier, dans l'autobus ou les grands magasins.

Il est néanmoins évident que certaines précautions sont à prendre lorsqu'on s'apprête à plier des serviettes : toujours se laver les mains avant et plier la matière avec le bout des doigts plutôt qu'avec le plat de la main. En général, on ne touche d'ailleurs que les plis formés. Il suffit ensuite de se rappeler la fonction principale de la serviette, à savoir la protection des vêtements, et la question de l'hygiène passe légèrement au second plan. Cela dit, si l'hygiène est une question primordiale pour vous, vous pouvez toujours travailler avec des gants en caoutchouc jetables comme ceux qu'utilisent les employés de l'industrie agro-alimentaire ou les chirurgiens.

Serviettes d'ornement

Pour les serviettes purement ornementales dont la seule fonction est de mettre un peu de couleur ou de relief sur la table, l'hygiène ne joue plus qu'un rôle secondaire puisque personne ne les utilise. Mais si vos serviettes d'ornement doivent servir à table et qu'elles sont associées à des accessoires choisis comme des fleurs, des ronds de serviette classiques en argent ou des objets plus originaux et de votre propre cru, vous devrez veiller à ce que tout ces beaux accessoires répondent aux mêmes règles d'hygiène que les serviettes. Certaines personnes, par exemple, ne supportent pas que les serviettes soient directement en contact avec des fleurs, d'autres sont allergiques au pollen, et vous devez naturellement en tenir compte. L'idéal est donc de réaliser des compositions florales qui ne mettent absolument pas en contact les fleurs et les serviettes. Il existe de nombreuses façons de jouer

◁ *Voici ce que l'on voit lorsqu'on déplie une serviette carrée et qu'on la pose à plat : face extérieure ou côté face.*

▷ *Face intérieure ou côté pile.*

△ *Pli extérieur ou en relief.*

△ *Pli intérieur ou en creux.*

△ *Les plis des deux serviettes sont orientés dans la même direction.*

avec les accessoires tout en respectant parfaitement les règles d'hygiène.

Pliage des serviettes

Il conviendrait presque d'appeler « façonnage » plutôt que « pliage » l'opération qui consiste à donner une forme particulière à un morceau d'étoffe ou de papier. Les serviettes en tissu peuvent être repassées, pliées et empilées avec soin dans une armoire. Les plis formés ne sont pas gênants du point de vue du pur savoir-vivre. Ils ne font que témoigner du soin avec lequel vous tenez votre ménage. Mais si vous réalisez souvent des modèles originaux, mieux vaut conserver vos serviettes à plat pour éviter qu'ils ne se forment, même si cela demande davantage de place et si vous devez entasser d'autres choses ailleurs.

Un certain nombre de modèles intègrent les plis. C'est surtout important pour les serviettes en papier qui sont toujours pliées en quatre pour parvenir à un format plus petit. De nombreux modèles sont réalisés à partir de deux serviettes de même taille. On peut les choisir de la même couleur pour souligner la générosité du modèle, ou de deux tons différents pour obtenir un effet contrasté avec l'ensemble de la décoration de table. Veillez à ce que les plis de toutes les serviettes s'orientent dans la même direction. Nous vous expliquons deux modèles classiques, l'éventail et le chapeau, aux pages 34-35. Mettez-vous immédiatement à l'ouvrage et vous n'éprouverez par la suite plus aucune difficulté à réaliser les autres modèles proposés.

Organisation : la clé du succès

Qui n'a pas connu la panique des dix dernières minutes qui précèdent l'arrivée des invités : l'aiguille de la pendule se met à galoper alors que le précieux collier de famille est égaré, que la liste des invités a disparu et que les bougies refusent de s'allumer? Pour éviter ce genre de situation déplaisante, il est indispensable de tout prévoir à l'avance, surtout lorsqu'on organise un grand dîner ou que l'on attend des invités de qualité.

▷ *L'intérêt de disposer d'une grande variété de serviettes et d'accessoires de décoration est que l'on peut réaliser une table superbe en peu de temps.*

Tout est une question d'organisation. Il suffit de garder cela toujours en tête pour s'éviter les petites paniques de dernière minute. L'hôte parfait est détendu pour recevoir ses invités et sa bonne humeur est communicative.

Conseils pour la préparation
Principal « outil de travail » lorsqu'on organise une réception, la liste des choses à faire doit être établie longtemps avant le jour J et contenir tout le nécessaire. Elle peut être ordonnée par thème, par exemple les courses, la décoration, le linge de table, la vaisselle, le couvert, etc.

ou par ordre chronologique du déroulement de la soirée. Une liste précise est particulièrement utile pour les préparatifs de toute dernière minute. N'oubliez pas non plus d'établir un plan de table exact et d'indiquer si possible sa place à chacun des invités au moyen d'un petit carton. Ce petit raffinement allégera votre tâche juste avant le repas tout en assurant un cercle de table harmonieux et en évitant que les invités ne « traînent » dans l'attente de se placer.

Autre petit conseil : allumez vos bougies une première fois avant le premier coup de sonnette. La mèche est enduite de cire et met quelques temps à vraiment bien brûler, alors qu'elle s'enflamme immédiatement lorsqu'elle a déjà été allumée une fois. De plus, comme on est souvent un peu nerveux pendant les derniers préparatifs, on casse facilement les allumettes ou on fait tomber des miettes de soufre qui laissent de petites traces inesthétiques sur la nappe. Suivez ce conseil et vous aurez une table de fête rayonnante dès les premières minutes et sans panique.

△ *Le choix de serviettes en papier proposées dans le commerce est immense et permet toutes les fantaisies.*

Un mot à propos des serviettes

Vous pouvez là aussi gagner un peu de temps. Les pliages sont des constructions fragiles qui s'écroulent facilement, mais certains modèles tiennent plus longtemps et peuvent être réalisés plusieurs jours à l'avance. Vous pourrez ainsi vous consacrer dans le calme à cette activité créative et, une fois les serviettes en place, disposer de davantage de temps pour les autres préparatifs.

Les pages suivantes présentent les explications en images de deux modèles classiques pouvant attendre sans problème le jour J. Vous les connaissez certainement, puisqu'il s'agit de l'éventail et du chapeau. Utilisez une serviette nouvelle pour chaque nouveau modèle, même lorsque vous vous exercez. Si vous gardez la même, les plis de l'ancien modèle risquent de vous gêner dans la réalisation du nouveau et le résultat ne sera pas parfait. L'éventail et le chapeau ne sont pas très faciles à faire, mais avec un peu de pratique vous y parviendrez sans problème.

Cela dit, si vous voulez absolument voir trôner votre modèle de prédilection à l'avance sur la table, exercez-vous une fois avant de le réaliser pour de bon. Avec un peu de soin et de doigté, il tiendra sûrement le temps nécessaire. Dans les explications illustrées pas à pas des pages suivantes, les traits (- - - -) indiquent un pli intérieur ou en creux (serviette rabattue vers l'avant), tandis que les traits et les points (-·-·-) indiquent un pli extérieur ou en relief (serviette rabattue vers l'arrière). Cela vaut d'ailleurs pour toutes les explications détaillées de l'ouvrage.

L'*éventail*

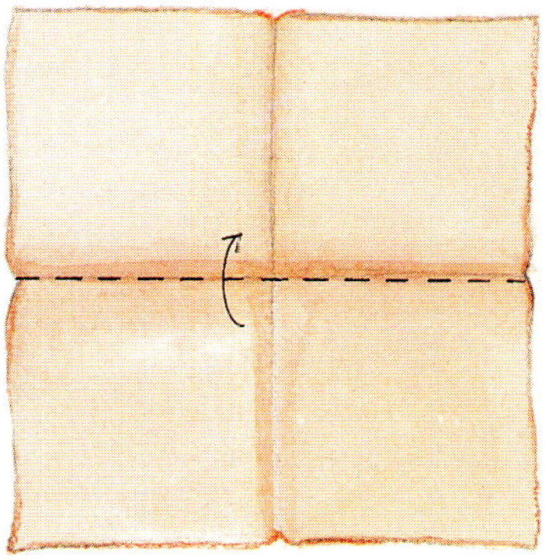

1. Formez un rectangle en pliant la serviette horizontalement en deux vers le haut.

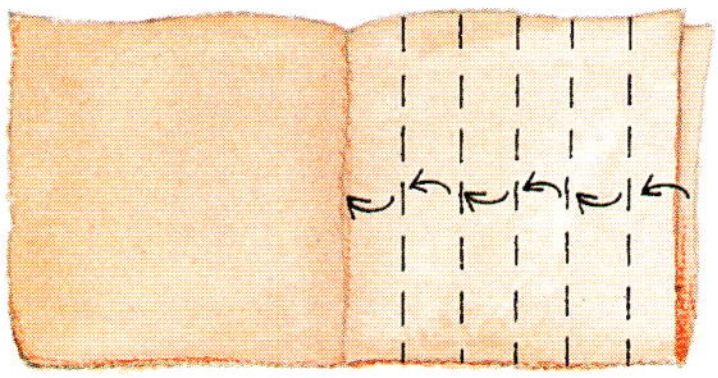

2. Pliez la serviette en accordéon, en formant un pli tous les 2 cm environ.

3. Arrêtez-vous un peu après le pli central vertical de la serviette.

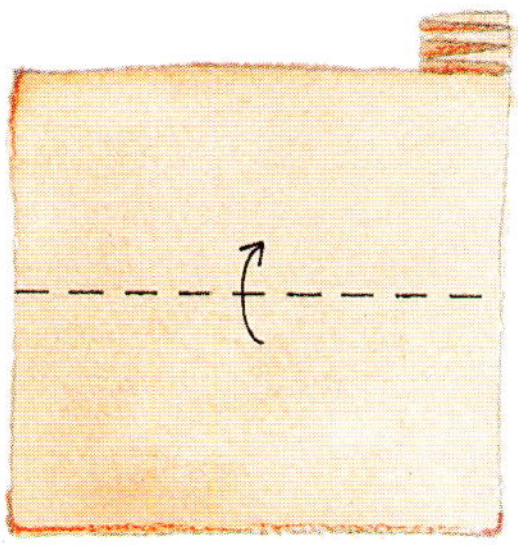

4. Retournez la serviette, face plane vers vous, et pliez-la en deux vers le haut.

5. Saisissez le coin supérieur gauche et pliez-le vers le bas selon un angle de 45°.

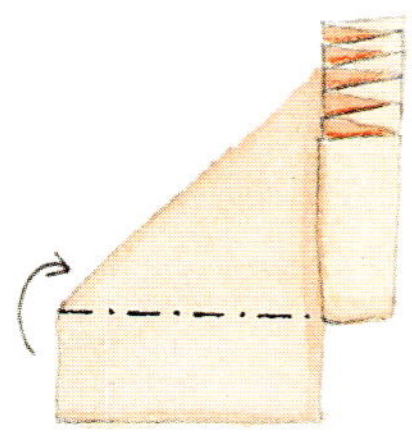

6. Repliez le rectangle qui dépasse derrière la serviette. Il servira de support à l'éventail.

7. L'accordéon s'ouvre comme un éventail et tient debout.

8. Eventail vu de devant.

Le chapeau

1. Formez un rectangle en pliant la serviette horizontalement en deux vers le bas.

2. Le pli central est en haut.

3. Posez le dos de votre main gauche à plat sur la moitié gauche de la serviette.

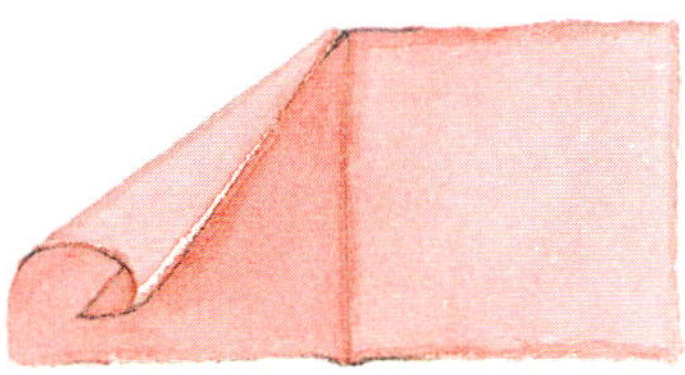

4. Saisissez le coin supérieur gauche de la serviette entre le pouce et l'index et enroulez-le vers la droite comme un cornet.

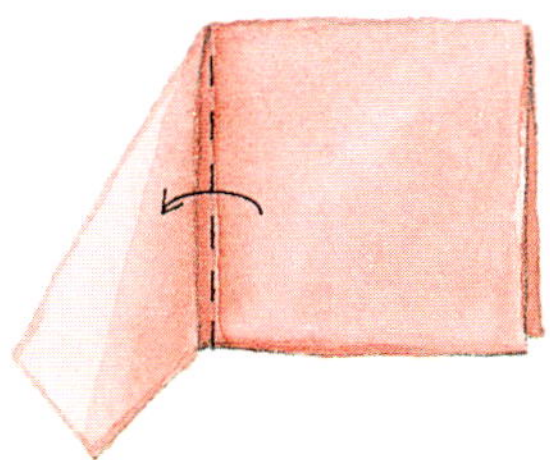

5. Continuez jusqu'au pli central. Tenez la partie enroulée de la serviette par l'arrière.

6. Avec la main droite, passez le coin inférieur droit au-dessus de la pointe du cornet et maintenez-le ainsi.

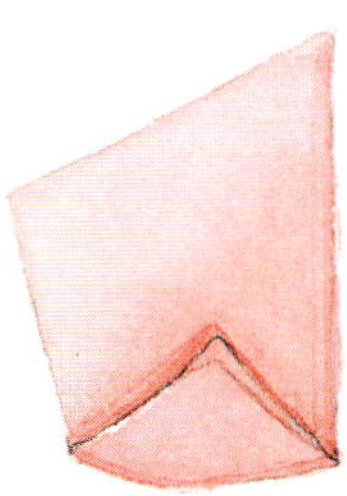

7. Un coin dépasse sur la gauche. Rabattez vers le haut le triangle tourné vers le bas.

8. Elargissez la base du modèle. Plus le triangle est rabattu haut, plus le modèle est solide.

L'art de la table et la serviette

Voici ce qu'écrivait Anthelme Brillat-Savarin en 1825 dans son célèbre ouvrage « La Physiologie du goût » : « Le plaisir de manger nous est commun avec les animaux ; il ne suppose que la faim et ce qu'il faut pour la satisfaire. Le plaisir de la table est particulier à l'espèce humaine ; il suppose des soins antécédents pour les apprêts du repas, pour le choix du lieu et le rassemblement des convives. »

La réputation internationale de la France en matière de gastronomie et d'art de la table repose notamment sur le rôle de précurseur indéniable qu'elle a joué dans ce domaine. Mais il est de nombreux pays où il n'y a pas si longtemps que l'art de la table, privilège jusque-là réservé aux couches sociales les plus élevées, a commencé à s'imposer dans les familles bourgeoises.

En Allemagne, par exemple, c'est l'époque de Biedermeier dans la première moitié du XIXe siècle qui, avec son intérêt pour tout ce qui touchait au cercle domestique, a été la plus propice à contribuer à un raffinement des mœurs dans ce domaine.

En France, c'est sous Napoléon III que la décoration de la table a été la plus chargée. On n'hésite pas à mélanger les genres et les surtouts sont énormes et tourmentés. Toute bonne maison bourgeoise se doit de posséder un service de table complet, composé d'innombrables pièces adaptées à toutes sortes de plats.
La maîtresse de maison met alors un point d'honneur à assortir sa vaisselle de serviettes pliées avec art.

Puis, au cours du XXe siècle, les événements mettent fin à cette quiétude bourgeoise. Dans les milieux artistiques, une réaction était inévitable : l'Art nouveau s'intéresse bien sûr à l'art de la table et les créateurs épurent les lignes et les décors de la porcelaine, des verres et de l'argenterie. Les structures sociales changent radicalement et on n'a plus guère le temps, après la Seconde Guerre mondiale, de penser aux belles tables. Les « restaurants rapides » ou « fast food » se mettent à pousser comme des champignons, épargnant bien du travail aux actifs. Pourtant, la nostalgie des dîners raffinés et des belles tables semble se répandre. On aime à nouveau cuisiner, qu'il s'agisse de bons vieux plats du terroir ou de spécialités raffinées du monde entier, et créer l'ambiance correspondante en agrémentant sa table de décorations adaptées et de serviettes pliées avec art et originalité selon la culture évoquée.

Petit cours sur la serviette

Evidemment, les règles de l'art de la table ont un peu souffert entre-temps. L'usage correct de la serviette n'est plus toujours

◁△ *Voici comment replier votre serviette si vous devez quitter momentanément la table au cours du repas.*

connu de tous, même si la tradition veut encore dans de nombreuses familles que chaque membre possède sa propre serviette, identifiée par un rond personnalisé. Il existe une autre tradition charmante que l'on rencontre encore parfois : celle de la pochette ornée de broderie fine dans laquelle on glisse la serviette.

Alors où placer sa serviette pendant le repas, et comment l'utiliser ? Dès qu'il a pris place, le convive engage généralement la conversation avec son voisin de table tout en sirotant, le cas échéant, son apéritif. Dès que le vin a été versé, marquant ainsi le début du repas, il peut prendre sa serviette et la poser dépliée à plat sur ses genoux afin de protéger ses vêtements des petits morceaux de nourriture ou des petites gouttes éventuelles. La serviette ne doit pas être placée devant la cravate, glissée derrière un bouton de chemise ou dans le décolleté. D'abord, cela ne « colle » pas avec l'image d'un dîner habillé, ensuite cela donne l'impression que l'on n'est pas capable de manger convenablement et avec la réserve de rigueur.

Mais on comprend évidemment que la serviette ne reste pas intacte sur la table, uniquement parce qu'elle est bien pliée.

Pendant le repas, la serviette repose à plat sur les genoux. On la porte de temps en temps à la bouche pour s'essuyer avec délicatesse et éviter, par exemple, de laisser des traces de gras inesthétiques sur les verres. Une fois le repas terminé, on roule ou on plie légèrement sa serviette et on la pose devant soi sur la table. Lorsqu'on quitte la table au cours du repas, on replie sa serviette sur l'envers (face utilisée à l'intérieur) et on la pose sur sa chaise.

◁ *Si vous quittez la table pendant le repas, posez votre serviette sur votre chaise.*

Rudolf
Menü
Menü

Pliage des serviettes

Que vous cherchiez un modèle classique, pour le repas de Pâques ou de Noël, ou original, pour un anniversaire d'enfants, que vous receviez des invités suédois, espagnols ou japonais ou que vous organisiez un dîner habillé ou un barbecue dans le jardin, vous trouverez dans cet ouvrage un choix considérable de modèles adaptés à chaque occasion. Pour les réaliser sans peine, il vous suffira de suivre simplement pas à pas les explications illustrées.

Lettre d'amour

Voici une lettre qui ira droit au cœur de son destinataire ! Vous pouvez même y glisser une petite surprise à l'intention d'un convive particulier.

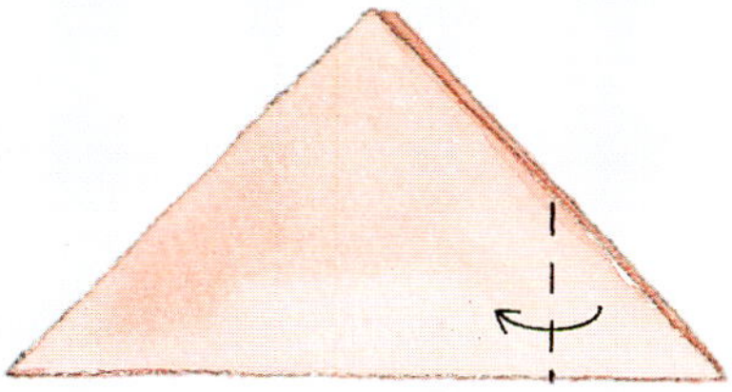

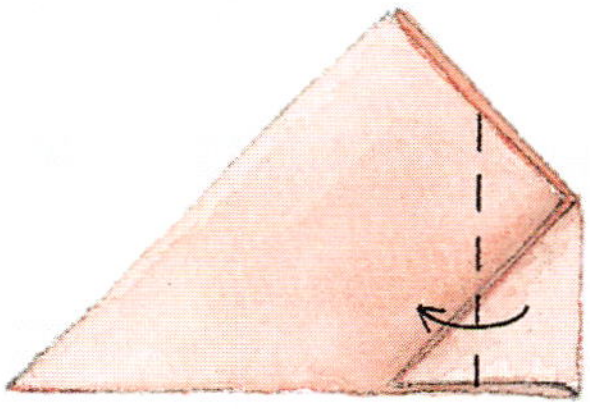

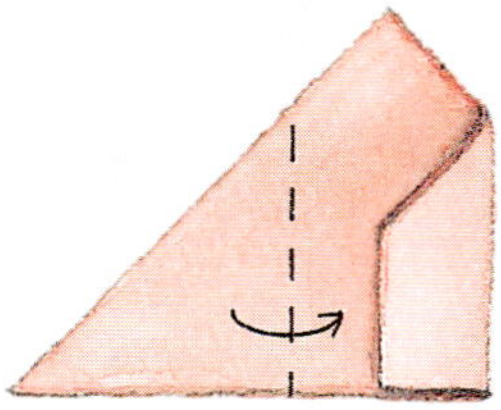

1. Formez un triangle en pliant la serviette en deux selon une diagonale, puis repliez la pointe droite à angle droit vers le centre.

2. Rabattez le côté droit vers le centre.

3. Pliez la pointe gauche vers la droite de manière à former un pli symétrique à celui de droite.

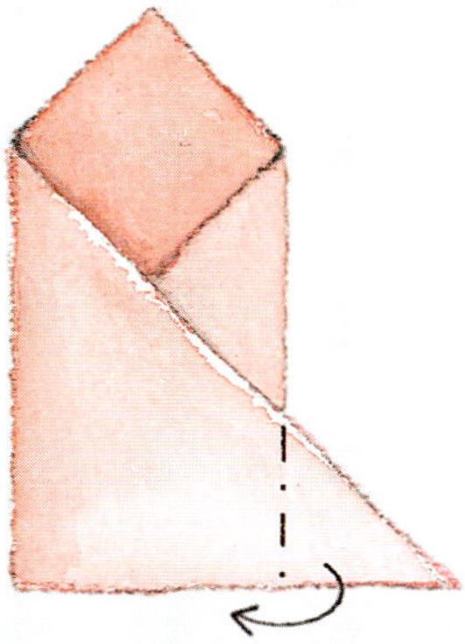

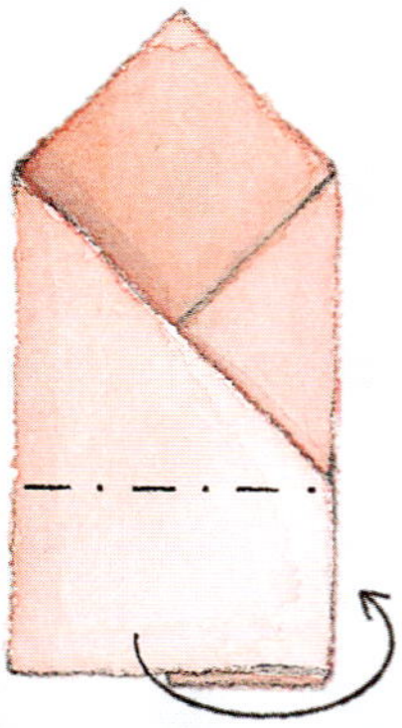

4. Rabattez la pointe qui dépasse vers l'arrière.

5. Repliez le tiers inférieur de la lettre vers l'arrière.

L'écrin

Offrez à vos visiteurs sur le départ un petit cadeau qu'ils pourront emporter avec eux. Présenté au centre de cet écrin, il fera encore plus d'effet.

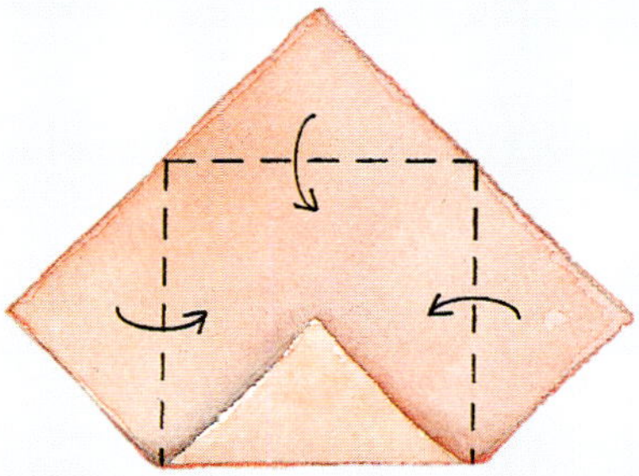

1. Repliez les quatre coins de la serviette vers le centre.

2. Retournez la serviette.

3. Repliez les quatre coins vers le centre du carré.

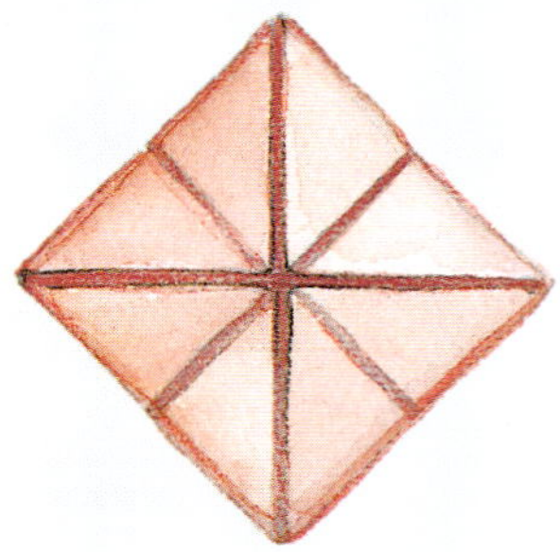

4. Retournez la serviette.

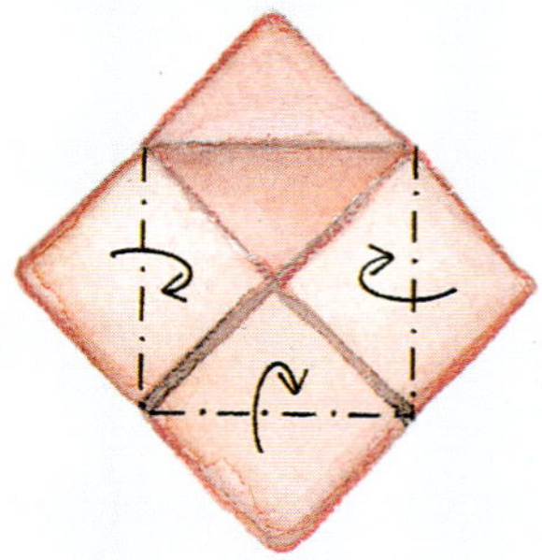

5. Repliez les quatre coins et glissez-les à l'intérieur.

La corbeille à pain

Deux serviettes de couleurs différentes, ou bien l'une unie et l'autre à motifs, sont nécessaires pour réaliser ce modèle très frais, idéal pour un « brunch » raffiné.

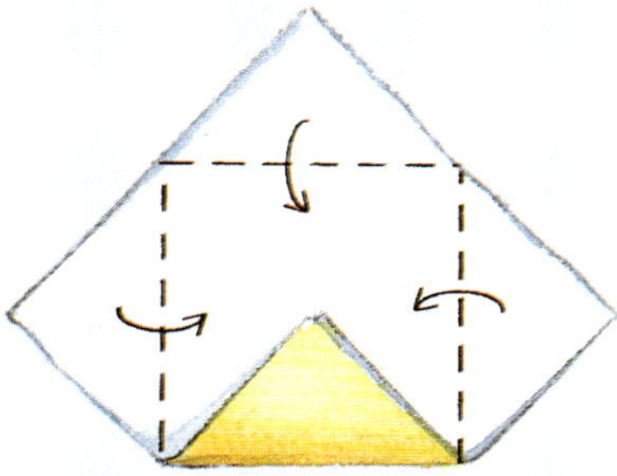

1. Placez la serviette blanche sur la serviette dorée. Repliez tous les coins vers le centre.

2. Retournez la serviette.

3. Repliez les coins vers le centre et retournez la serviette.

4. Glissez les quatre coins à l'intérieur du modèle.

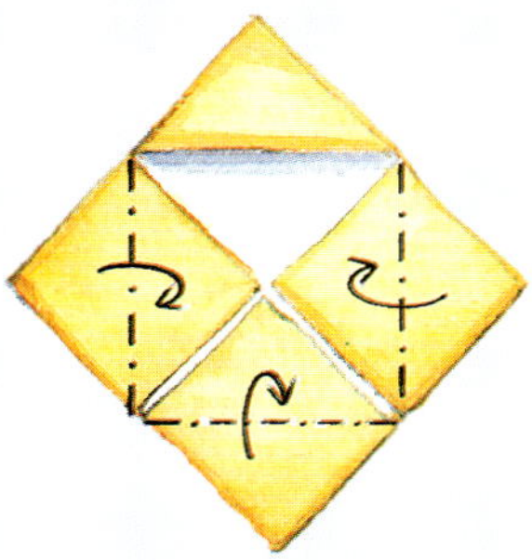

5. Ecartez légèrement les quatre coins.

Eventail en domino

Créez un jeu d'ombres et de lumières sur votre table en l'habillant d'éventails en dominos noirs et blancs. Le blanc domine vu de face, le noir, vu de dos.

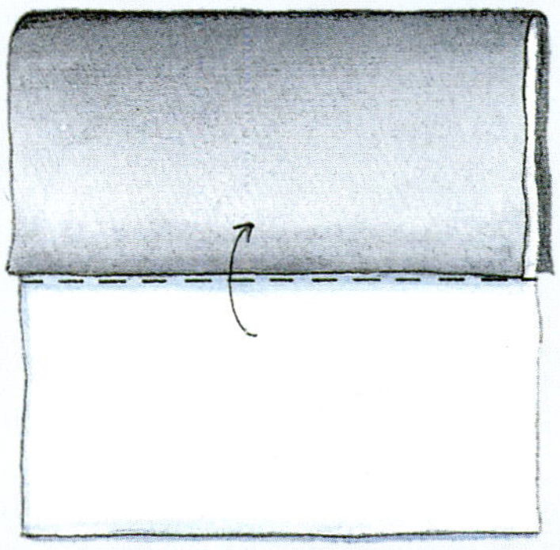

1. Pliez la serviette anthracite en deux. Glissez la serviette blanche au milieu et rabattez sa moitié inférieure vers le haut.

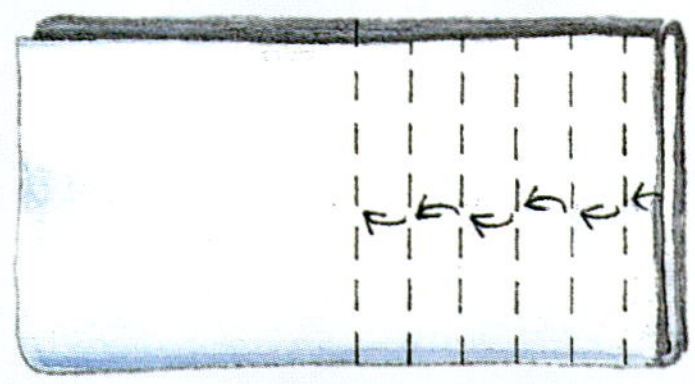

2. Pliez les serviettes en accordéon de droite à gauche en vous arrêtant à peu près au centre.

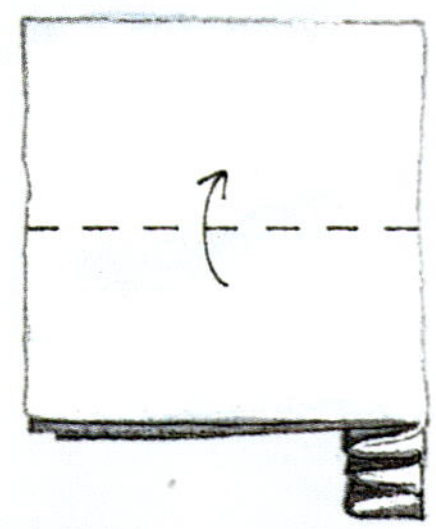

3. Pliez la serviette en deux vers le haut.

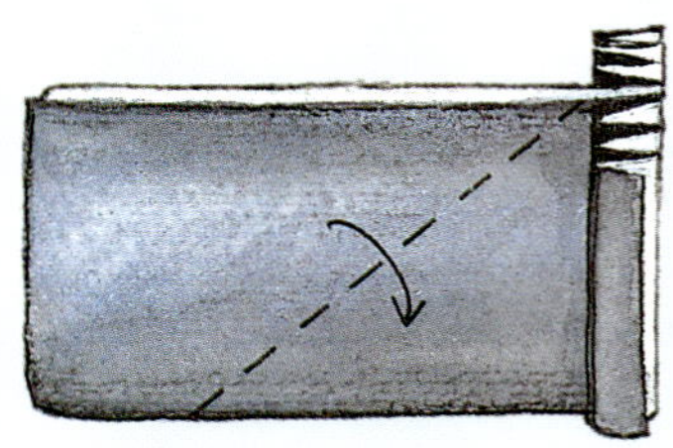

4. Rabattez la partie gauche en biais vers le bas.

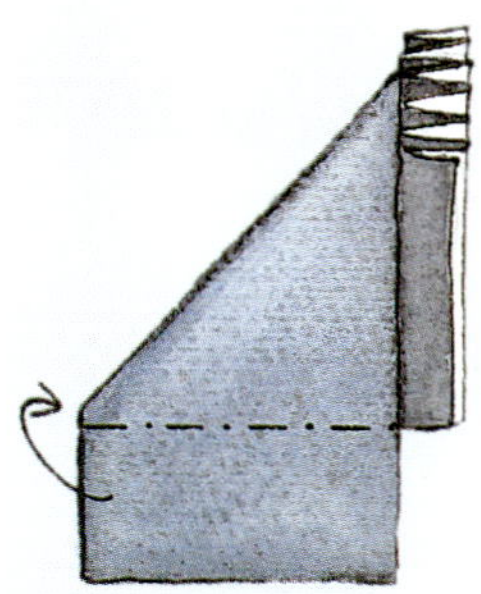

5. Repliez le rectangle qui dépasse derrière la serviette pour servir de support.

Classique

Eventail bicolore

Jouez la couleur et changez de décor avec cette variante bicolore de l'éventail. Pour un comble de raffinement, la marge de l'éventail sera assortie à la couleur de l'assiette.

1. Pliez la serviette bleue en deux vers le haut.

2. Pliez la serviette vert jade en deux vers le haut.

3. Repliez le tiers inférieur de la serviette jade vers l'arrière.

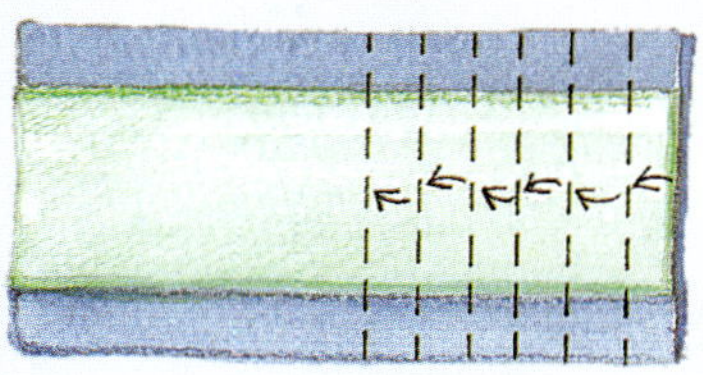

4. Posez la serviette jade sur la serviette bleue. Pliez-les ensemble en accordéon de droite à gauche en vous arrêtant à peu près au centre.

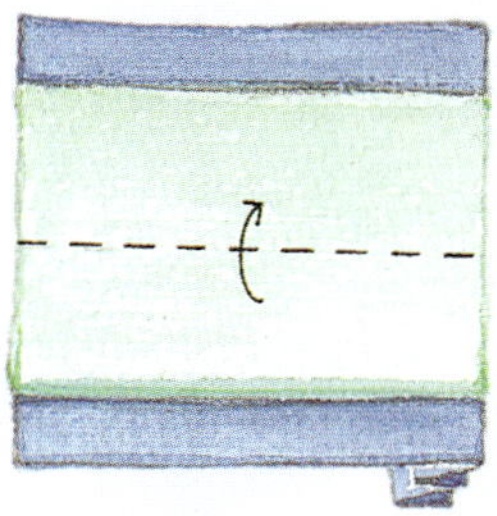

5. Pliez le modèle en deux vers le haut.

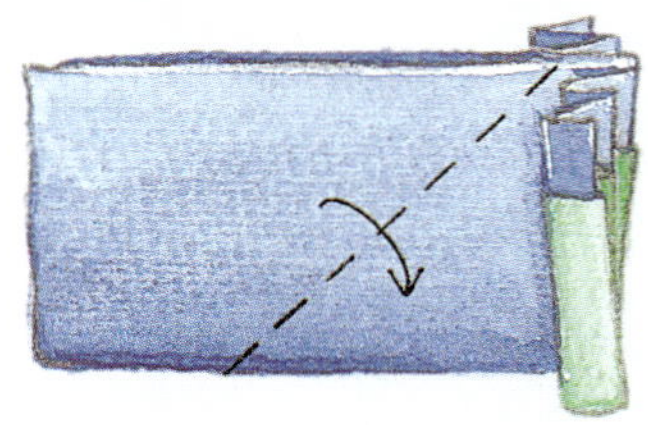

6. Rabattez la partie gauche du modèle en biais vers le bas.

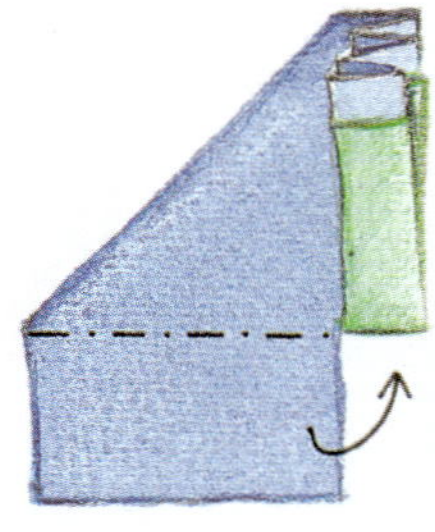

7. Repliez le rectangle qui dépasse derrière la serviette pour servir de support.

Classique

Fer de lance

Ce grand classique du genre est facile à réaliser et sa ligne sobre convient à une table élégante.

1. Formez un rectangle en pliant la serviette en deux vers le bas. Rabattez le coin supérieur droit sur le centre.

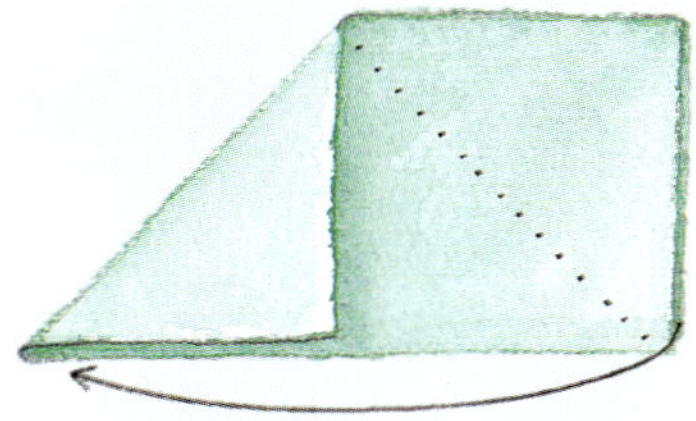

2. Tirez une épaisseur du coin inférieur droit pour l'amener sur le coin inférieur gauche.

3. Rabattez le coin droit sur le coin gauche.

4. Redressez le modèle.

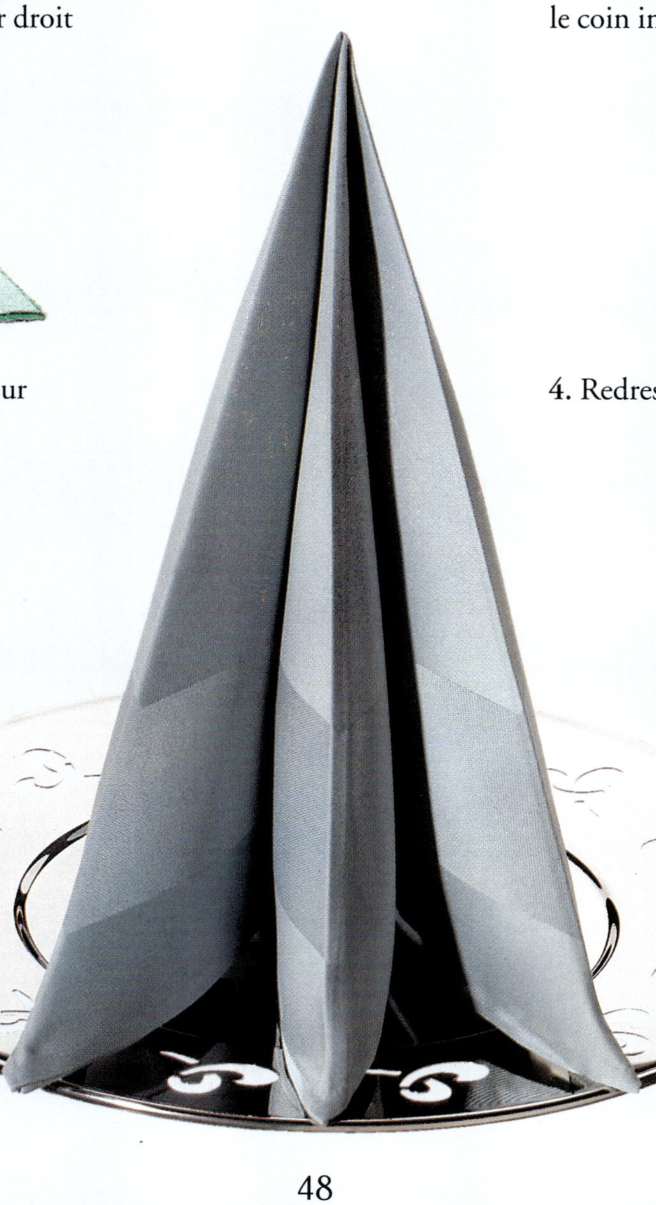

Une pointe bicolore

Les harmonies de couleurs sont toujours extrêmement élégantes, à condition qu'elles rappellent celles du service et du décor de la table.

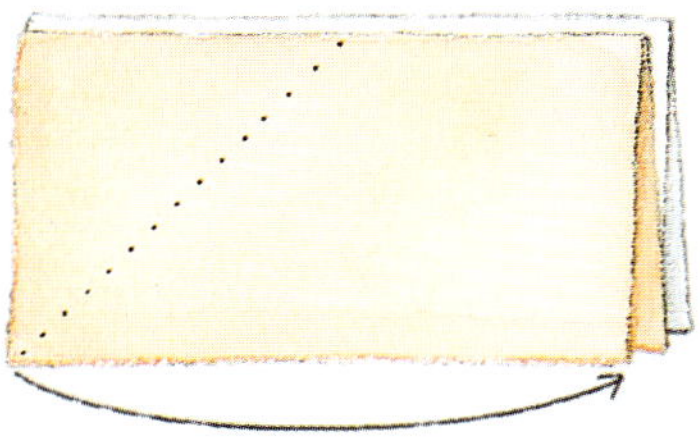

1. Pliez les serviettes en deux et posez-les l'une sur l'autre. Repliez le coin gauche de la serviette abricot vers l'intérieur.

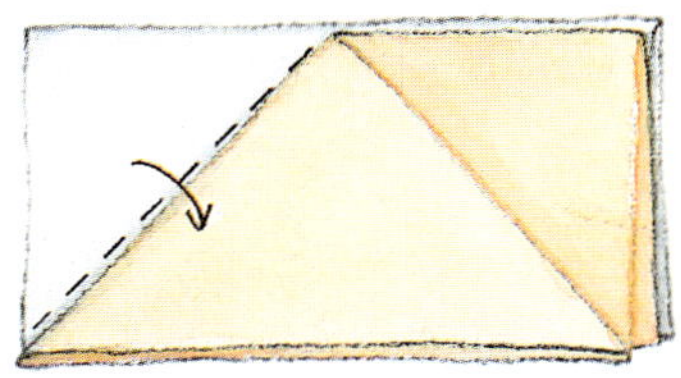

2. Pliez le triangle abricot de gauche à droite. Repliez le coin supérieur gauche de la serviette blanche sur le pli central.

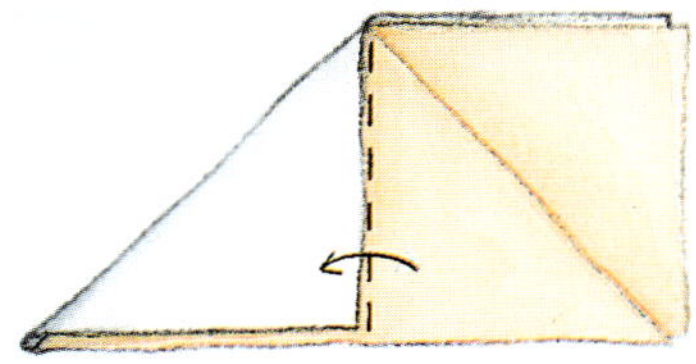

3. Pliez le coin de la serviette abricot de droite à gauche.

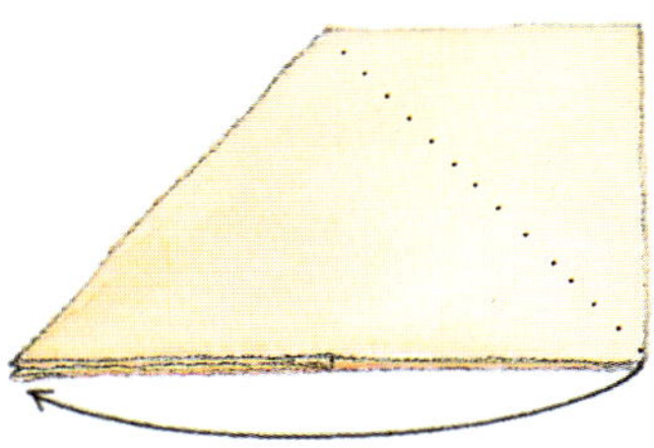

4. Tirez le coin inférieur droit sur le gauche.

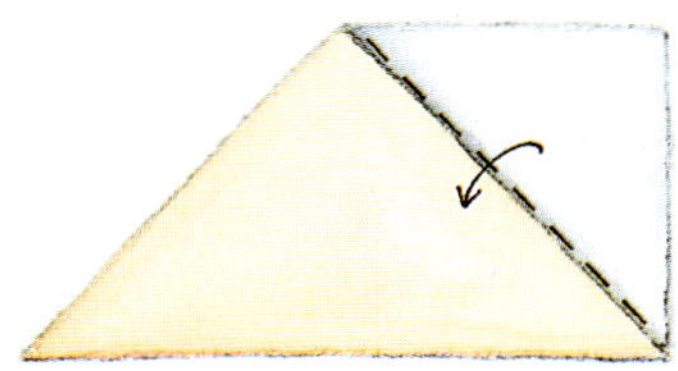

5. Rabattez le coin supérieur droit sur le pli central.

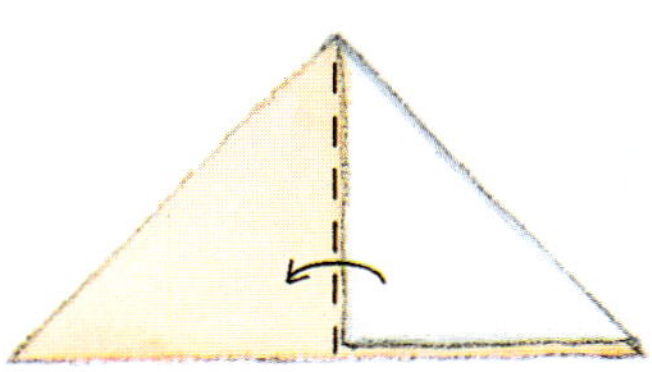

6. Repliez le triangle de droite vers la gauche. Posez le modèle debout.

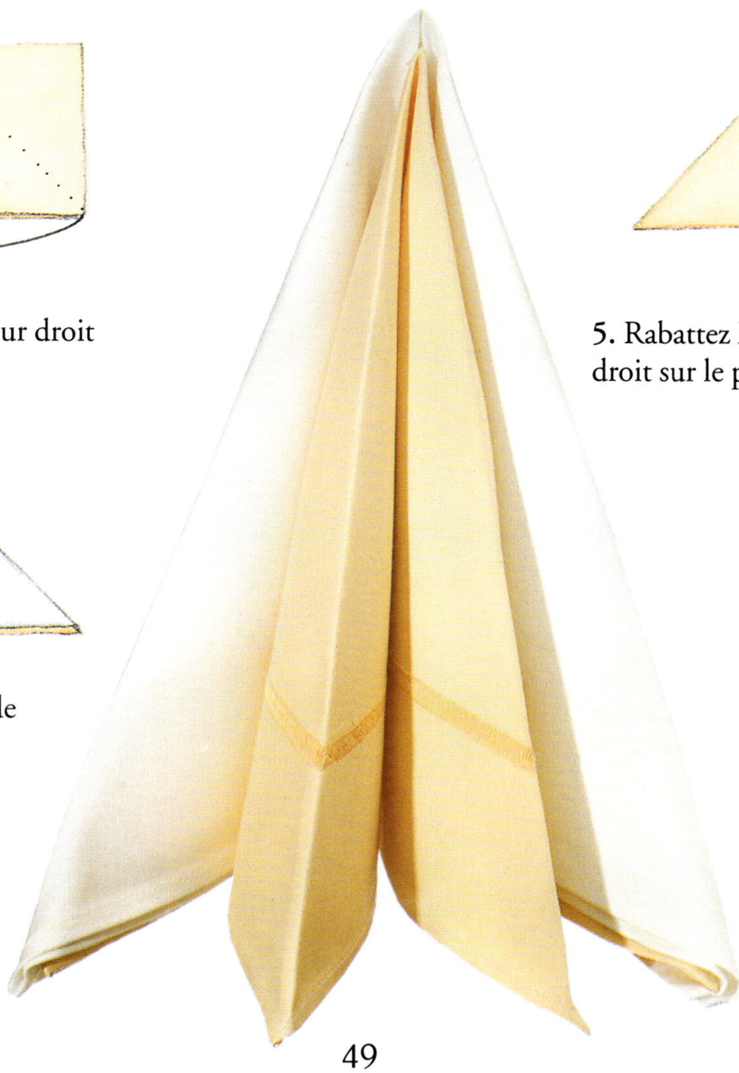

Le chapeau bicolore

Ce modèle se rencontre assez rarement. Il est pourtant parfaitement adapté à toutes les tables où règne le manque de place et peut même être placé dans un verre.

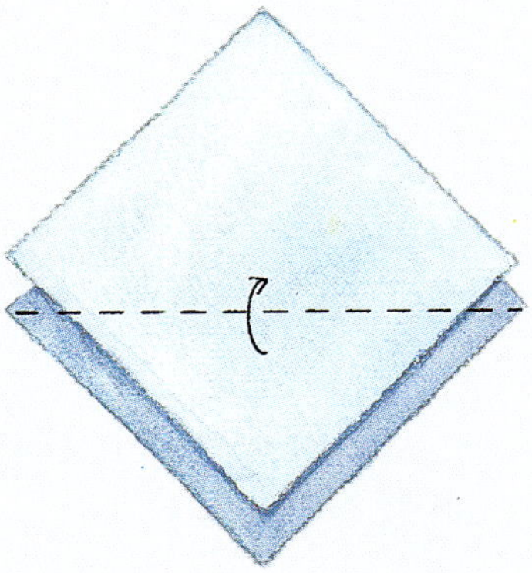

1. Posez la serviette bleu clair sur la serviette bleu foncé en la décalant légèrement pour laisser dépasser une marge bleu foncé. Pliez les deux serviettes vers le haut selon la diagonale de la serviette bleu foncé.

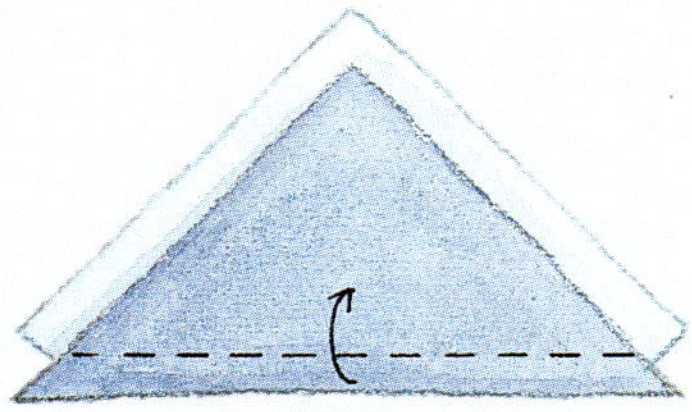

2. Rabattez le pli inférieur vers le haut selon le pointillé. Retournez la serviette.

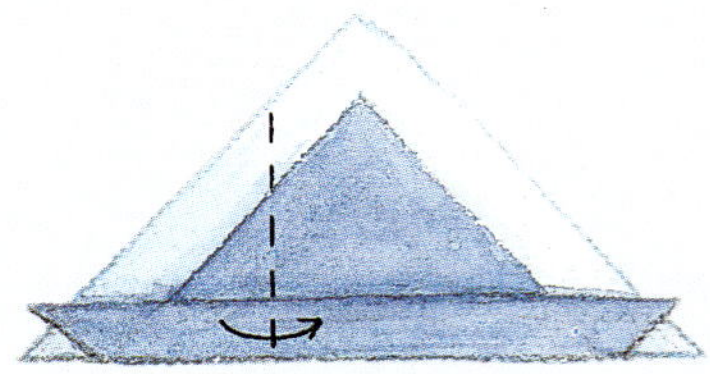

3. Pliez le coin gauche vers la droite.

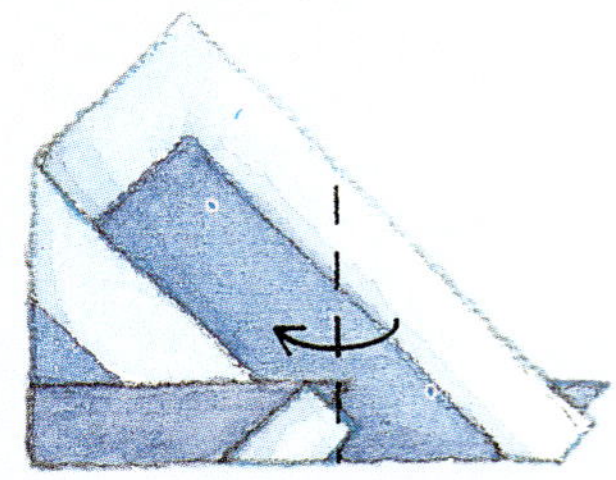

4. Pliez le coin droit vers la gauche et glissez-le à l'intérieur du premier.

5. Repliez la pointe qui dépasse vers l'intérieur.

L'obélisque rayé

Cet obélisque élancé arbore d'élégantes rayures pour le plus grand plaisir de vos convives.

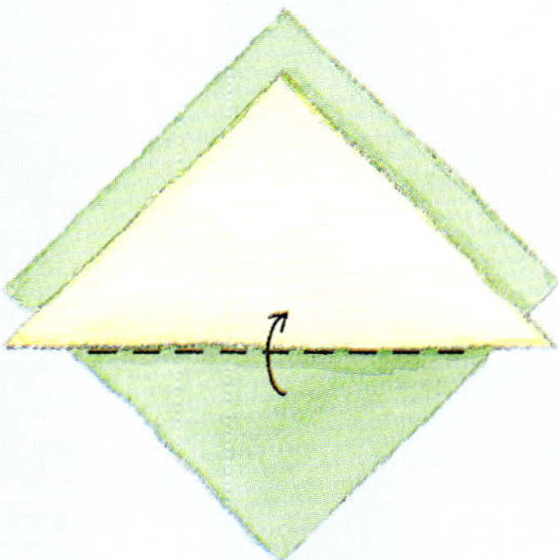

1. Pliez la serviette jaune en deux dans la diagonale. Posez-la sur la serviette verte et repliez la partie inférieure de la serviette verte vers le haut.

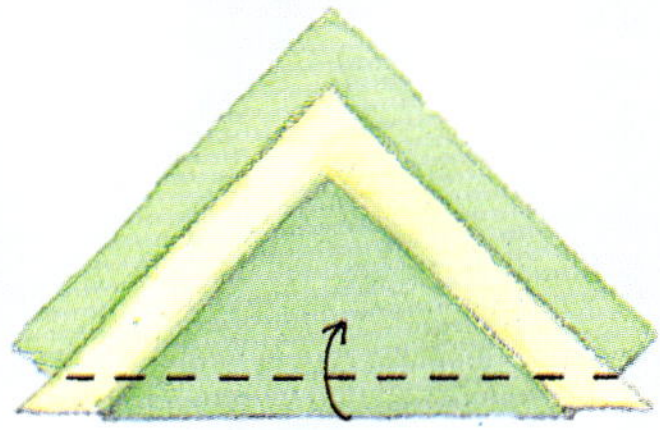

2. Rabattez le pli inférieur vers le haut selon le pointillé.

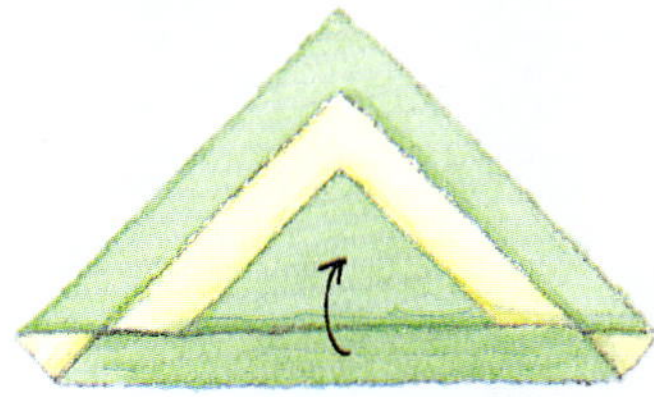

3. Rabattez une nouvelle fois le pli inférieur vers le haut.

4. Retournez la serviette. Enroulez-la en partant du coin droit.

5. Mettez l'obélisque debout. Glissez le coin qui dépasse derrière le revers.

Classique

La pantoufle

Invitez vos amis à un « brunch » et recevez-les à la bonne franquette… en pantoufles !
Ou pourquoi ne pas « pantoufler » au coin du feu,
à l'heure du goûter ?

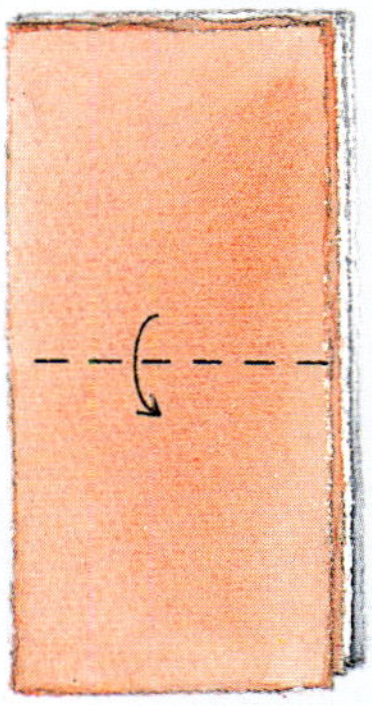

1. Posez la serviette blanche sur la serviette abricot. Pliez-les en deux vers la droite, puis repliez la moitié supérieure vers le bas.

2. Saisissez le coin inférieur gauche de la serviette abricot et pliez-la en deux selon la diagonale.

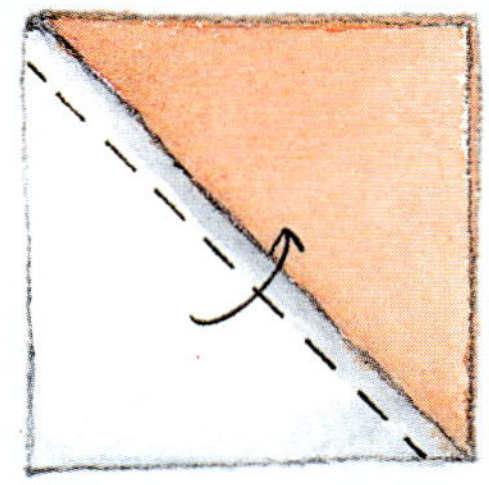

3. Repliez les deux épaisseurs blanches vers le haut en laissant apparaître une marge abricot.

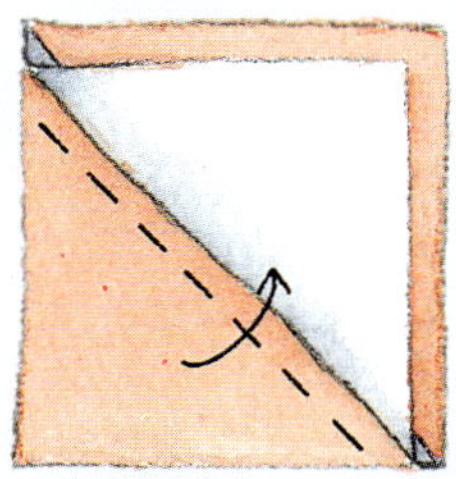

4. Repliez les deux épaisseurs abricot vers le haut en laissant apparaître une marge blanche.

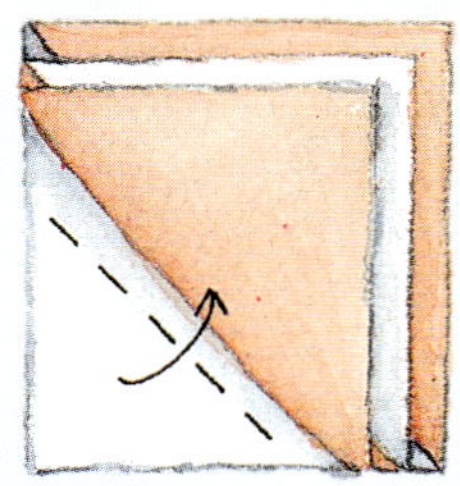

5. Repliez les deux épaisseurs blanches de la même façon.

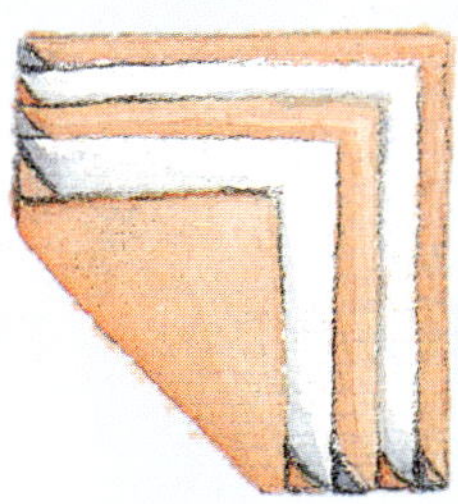

6. Repliez la dernière épaisseur abricot vers le haut. Faites pivoter le modèle de 45° vers la gauche.

7. Retournez le modèle. Pliez le coin gauche vers le haut.

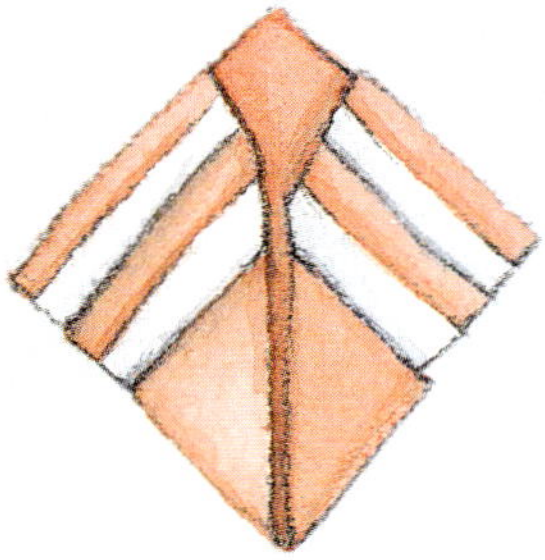

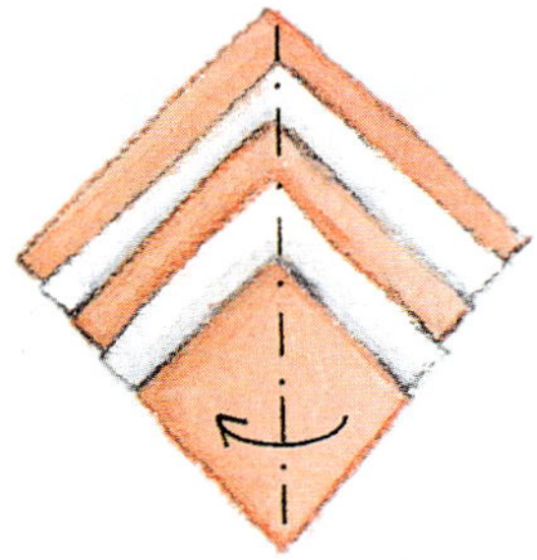

8. Pliez le coin droit vers le haut.

9. Retournez le modèle.

10. Faites gonfler le modèle en rapprochant les côtés à angle droit.

Pochette surprise

Ce ravissant modèle vous servira à déposer un menu, un petit présent, un fruit ou un petit pain selon la taille de serviette choisie.

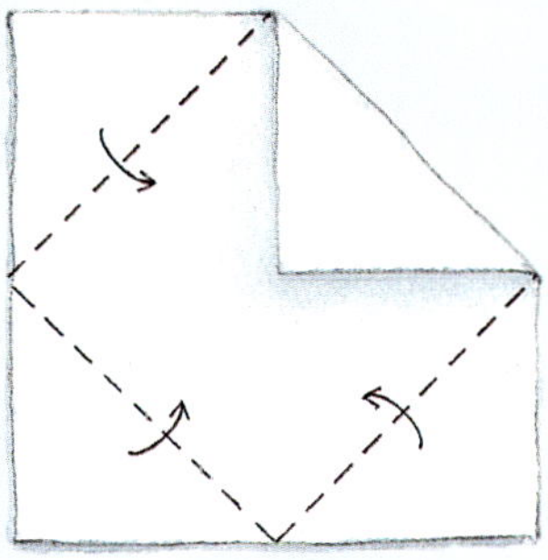

1. Pliez le coin supérieur droit de la serviette vers le centre.

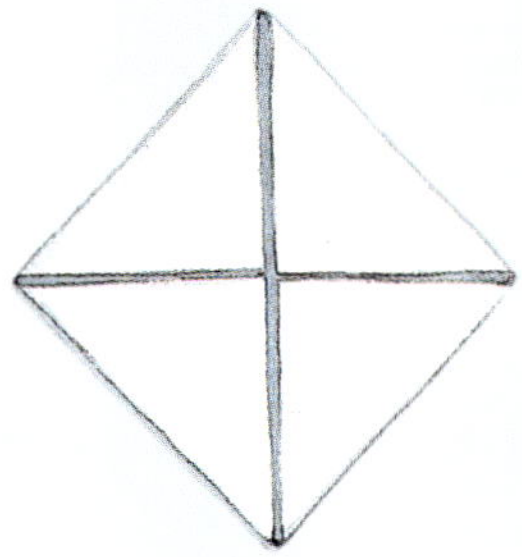

2. Pliez les coins supérieur gauche, inférieurs droit et gauche vers le centre. Retournez la serviette.

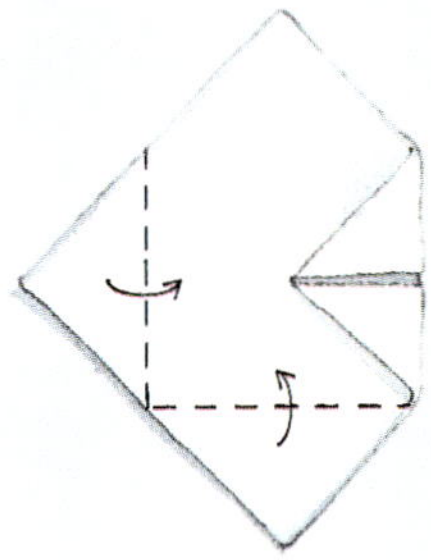

3. Pliez les coins gauche, droit et inférieur vers le centre.

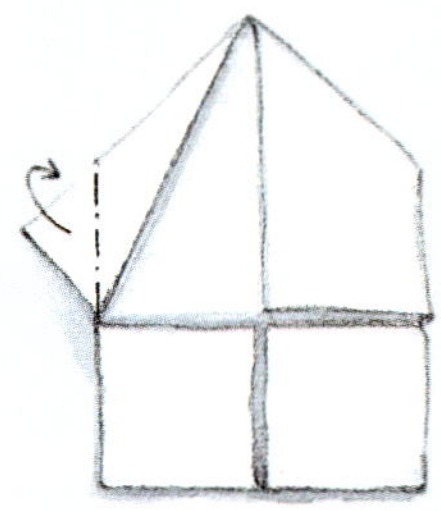

4. Retournez la serviette. Pliez le coin central gauche vers le bord supérieur gauche et rabattez-le derrière la serviette.

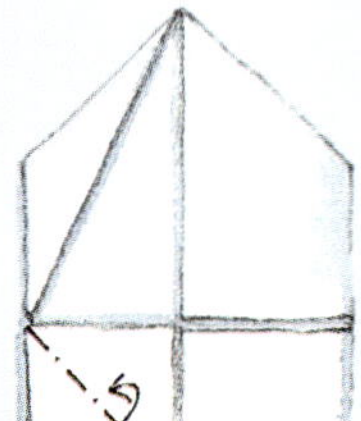

5. Repliez les coins centraux gauche et droit vers l'intérieur. Pliez le coin central droit et rabattez-le derrière la serviette.

Pochette surprise bicolore

A l'occasion d'un baptême, cette variante de la pochette surprise vous permettra d'y glisser des dragées ou le menu.

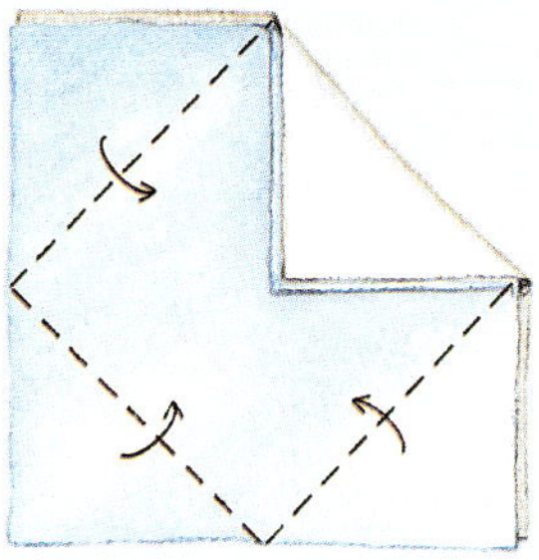

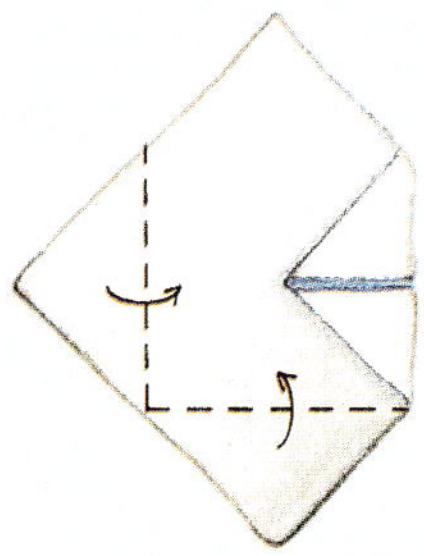

1. Posez la serviette bleu ciel sur la serviette crème et pliez les quatre coins vers le centre du carré.

2. Retournez la serviette. Pliez le coin droit vers le centre.

3. Pliez les coins gauche et inférieur vers le centre.

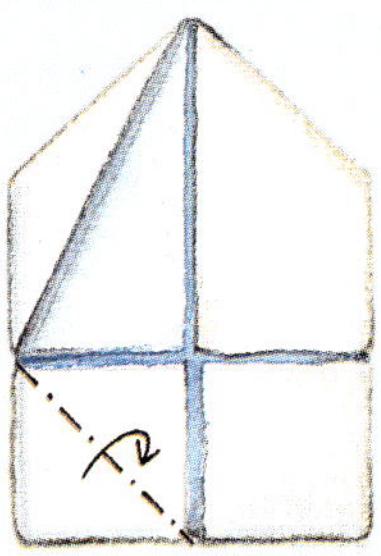

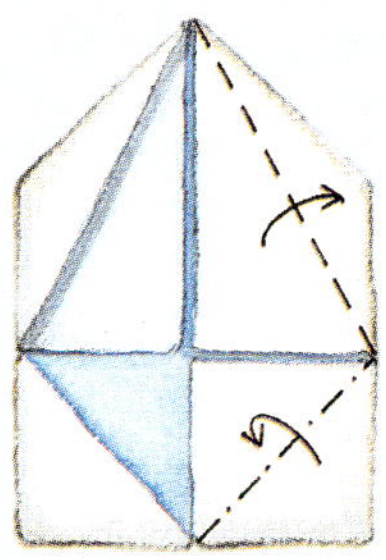

4. Retournez la serviette. Rabattez le coin central gauche derrière la serviette. Repliez le coin inférieur gauche vers l'intérieur.

5. Repliez le coin inférieur droit vers l'intérieur, puis rabattez le coin central droit derrière la serviette.

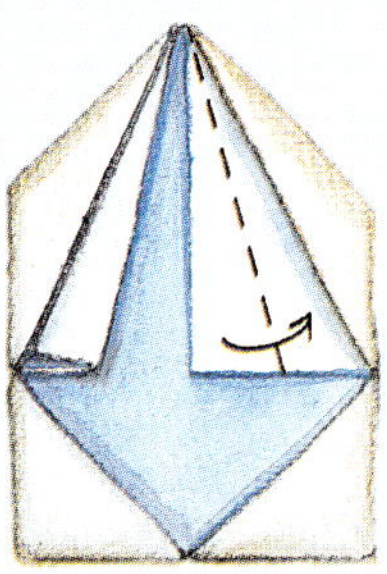

6. Pliez respectivement les coins gauche et droit centraux de la serviette bleu ciel vers la gauche et vers la droite.

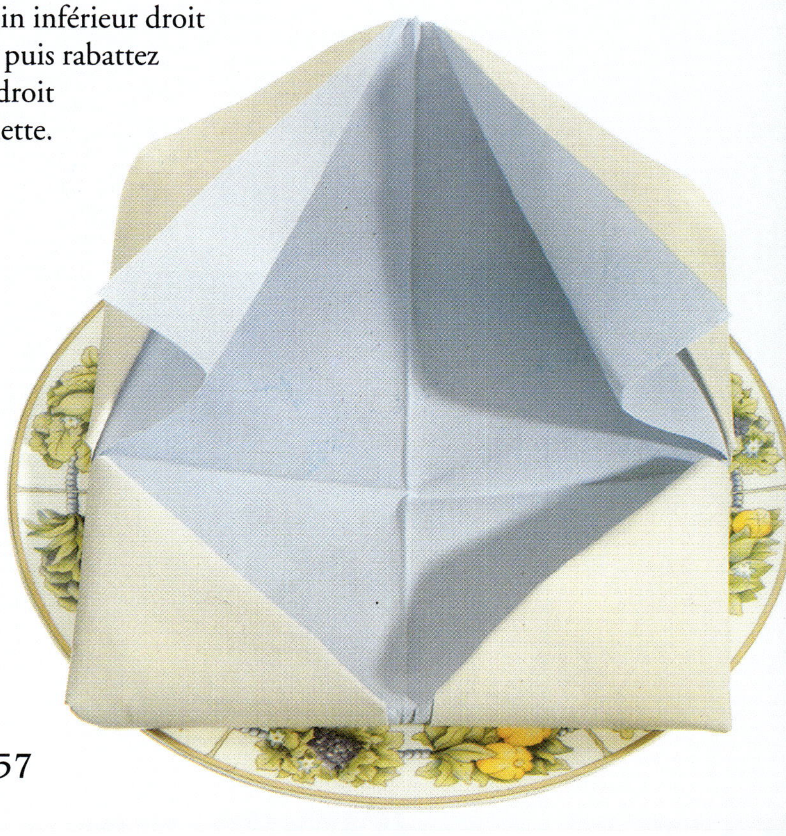

La traîne

Voici un modèle somptueux qui trônera avec faste sur une table de mariage.

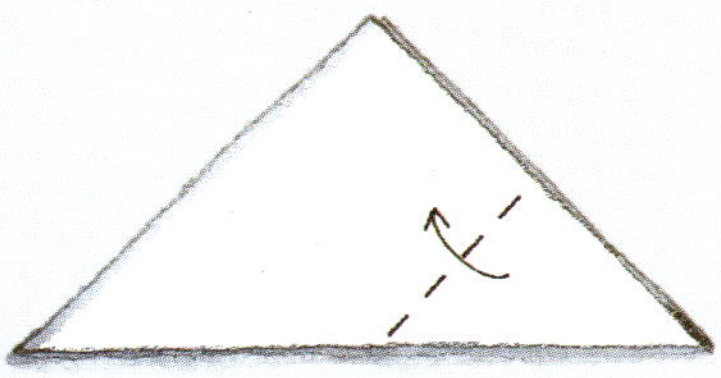

1. Pliez la serviette en diagonale vers le haut. Pliez le coin droit vers le haut.

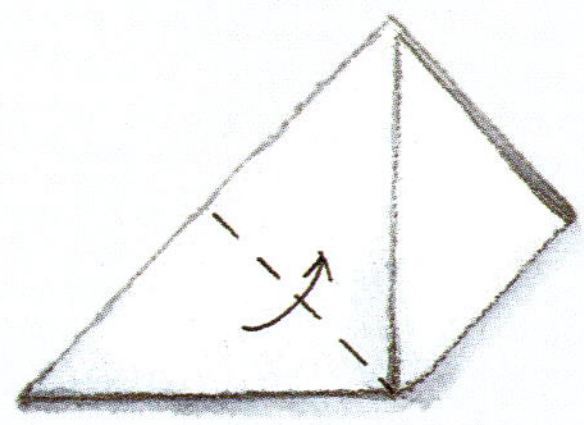

2. Pliez le coin gauche vers le haut.

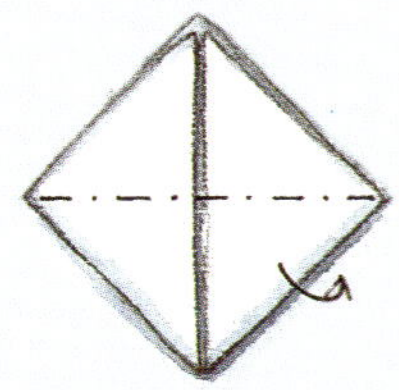

3. Rabattez la moitié inférieure de la serviette en diagonale vers l'arrière. Retournez la serviette.

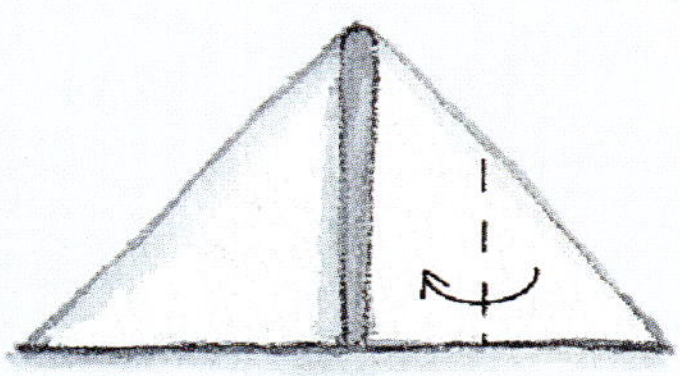

4. Pliez le coin droit vers le centre.

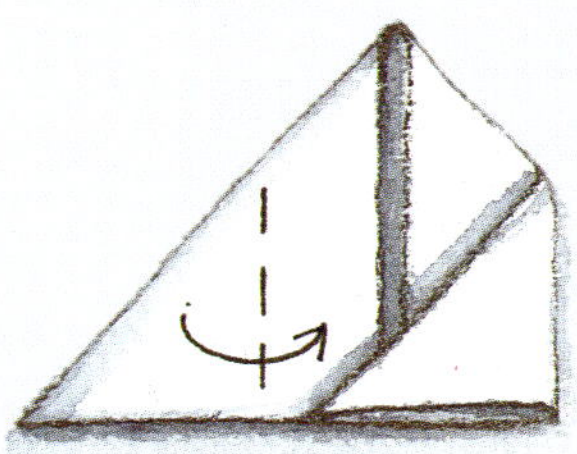

5. Pliez le coin gauche vers le centre et glissez-le dans la pointe du coin droit.

6. Retournez la serviette.

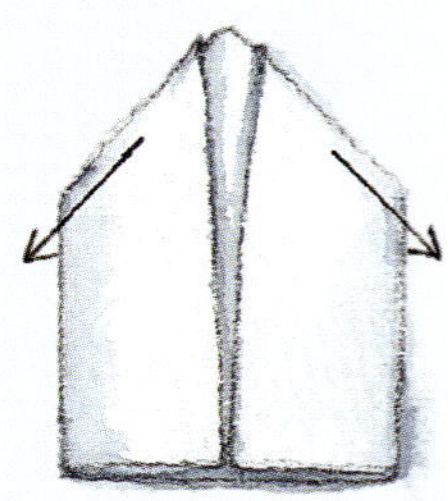

7. Ecartez les pointes verticales en les tirant vers la gauche et la droite. Mettez le modèle debout.

Jonque rose et mauve

Annoncez d'entrée la couleur d'un repas exotique avec ces admirables jonques et laissez-vous emporter à la découverte du vaste monde !

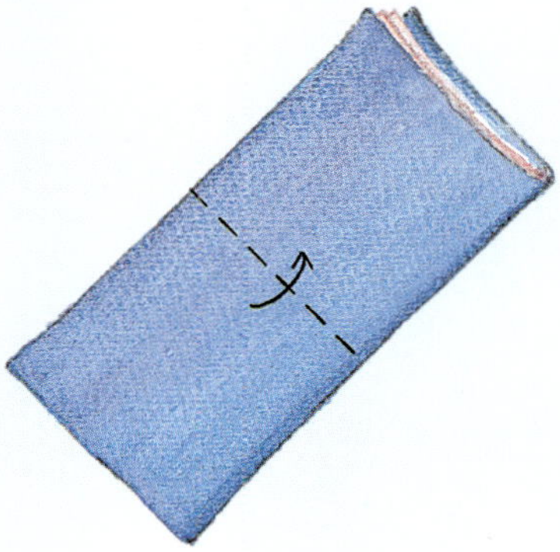

1. Posez la serviette rose sur la serviette mauve et pliez-les en deux pour former un rectangle, puis encore en deux.

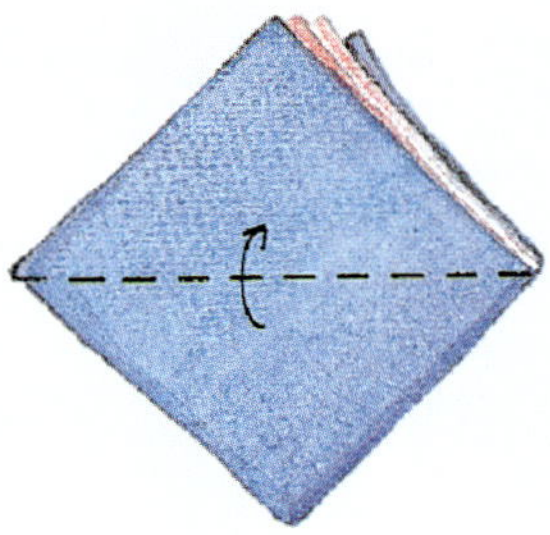

2. Pliez la moitié inférieure en diagonale vers le haut.

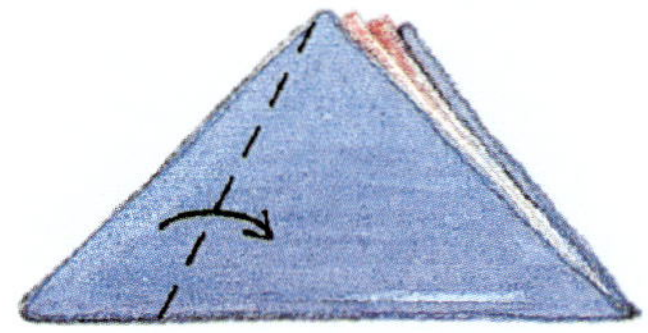

3. Pliez le coin gauche vers le centre du triangle.

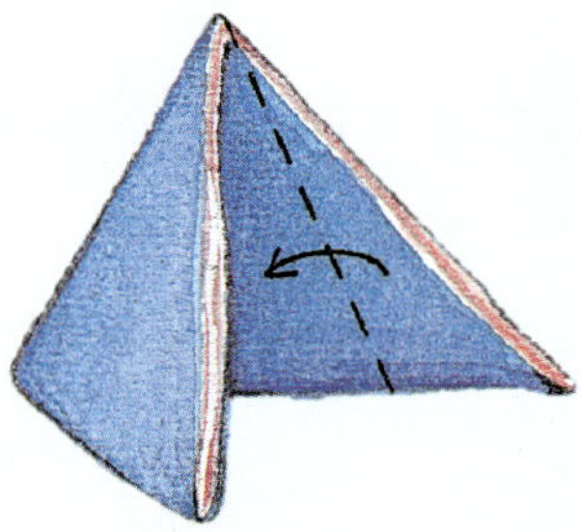

4. Pliez le coin droit vers le centre du triangle.

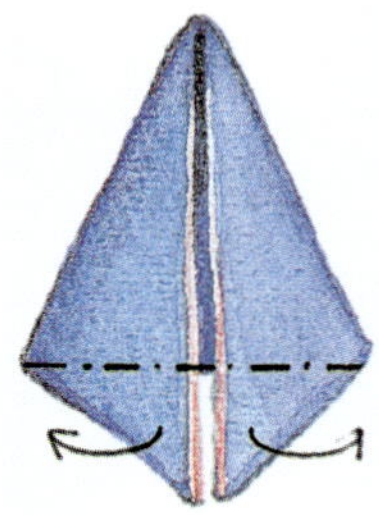

5. Rabattez les deux pointes vers l'arrière.

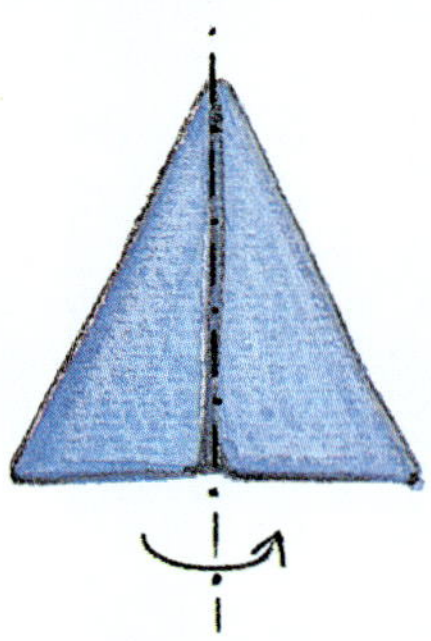

6. Pliez le triangle en deux vers l'arrière en suivant le pli central.

7. Aplatissez la base (petit côté) du triangle.

8. Posez la serviette debout.

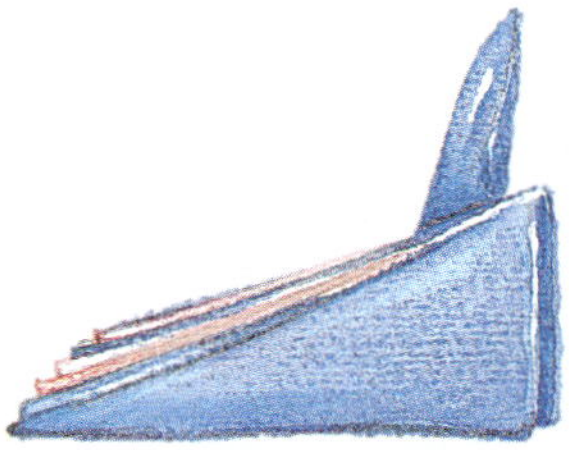

9. Relevez la pointe mauve supérieure pour former une première « voile ».

10. Relevez la pointe rose suivante, puis toutes les autres une par une pour former les voiles de la jonque.

La couronne

Une idée pleine d'humour pour un petit déjeuner royal !

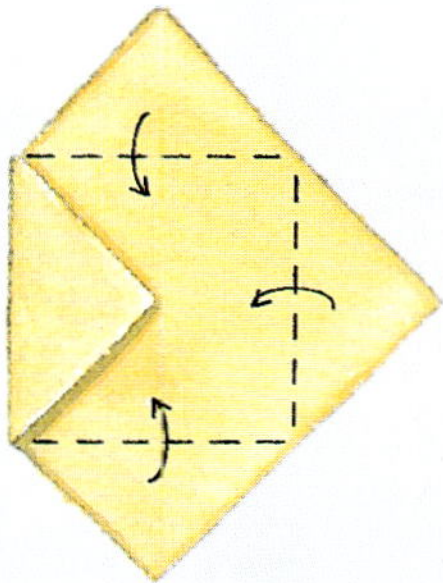

1. Posez la serviette en diagonale. Repliez le coin gauche vers le centre du carré.

2. Pliez les trois autres coins vers le centre du carré.

3. Retournez la serviette. Repliez le coin supérieur droit vers le centre du carré.

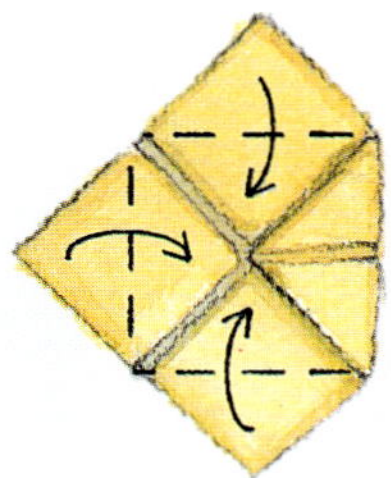

4. Repliez les trois autres coins vers le centre du carré.

5. Retournez la serviette. Repliez le coin droit vers le centre.

6. Repliez les trois autres coins vers le centre. Retournez la serviette.

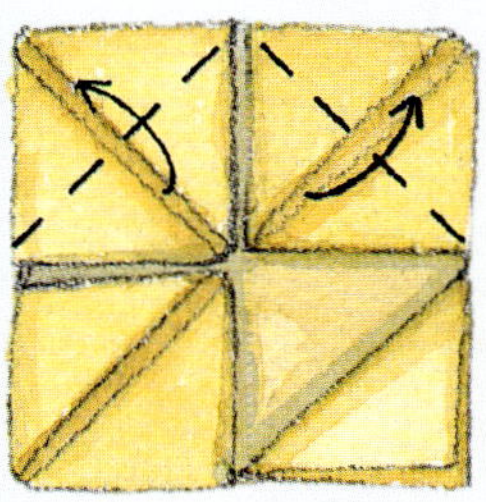

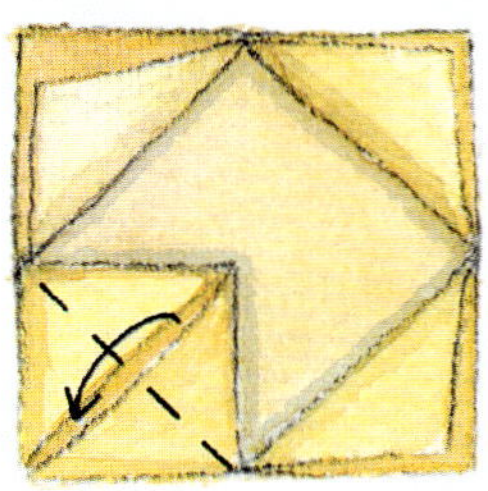

7. Rabattez les quatre coins centraux vers l'extérieur.

8. Ouvrez les quatre coins rabattus.

La couronne doublée

Elle tiendra bien au chaud les croissants du petit déjeuner ou les pommes de terre en robe des champs du dîner.

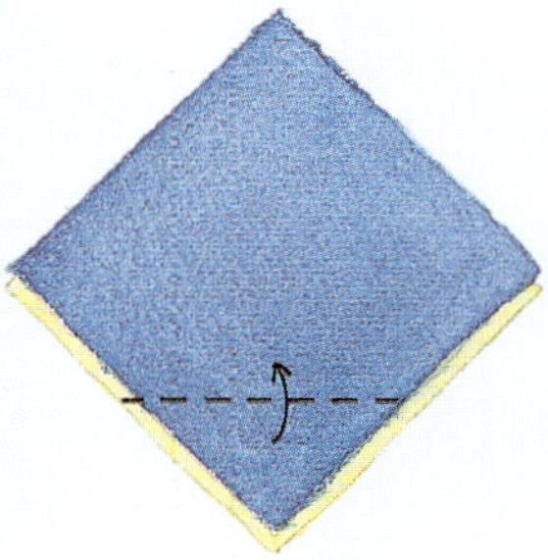

1. Posez la serviette bleue sur la serviette jaune pâle. Repliez le coin inférieur vers le centre.

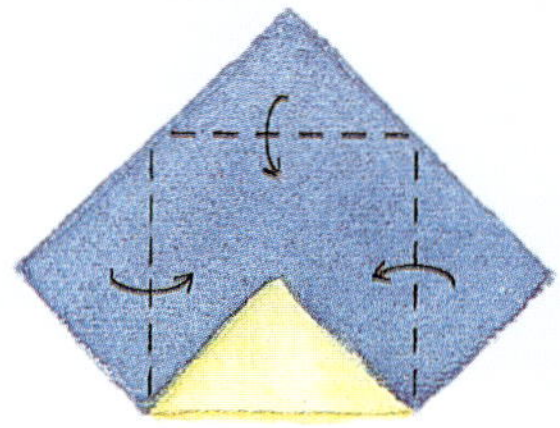

2. Repliez les coins supérieur, gauche et droit vers le centre.

3. Retournez la serviette.

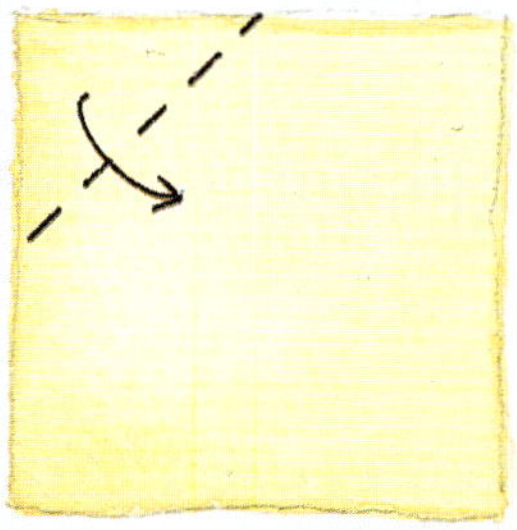

4. Pliez le coin supérieur gauche vers le centre.

5. Repliez les trois autres coins vers le centre.

6. Retournez la serviette.

7. Repliez le coin supérieur vers le centre.

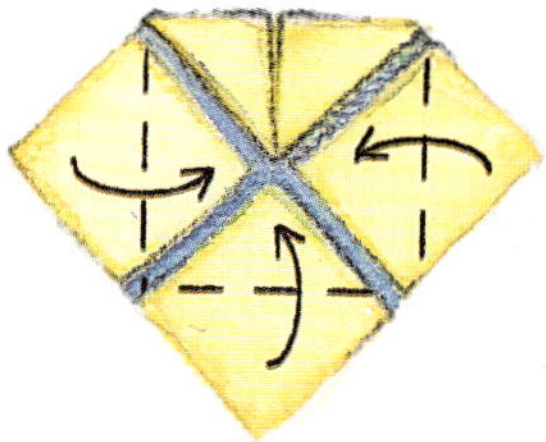

8. Repliez les trois autres coins vers le centre.

9. Retournez la serviette.

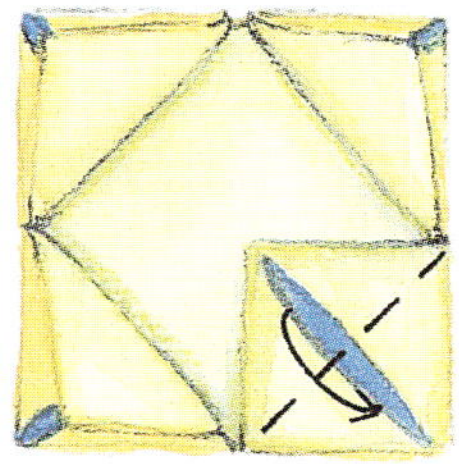

10. Rabattez les quatre coins centraux vers l'extérieur du carré.

11. Ouvrez les quatre coins rabattus.

Oursin

Ce modèle aussi étrange que l'animal dont il s'inspire est beaucoup plus simple à réaliser qu'il n'y paraît à première vue.

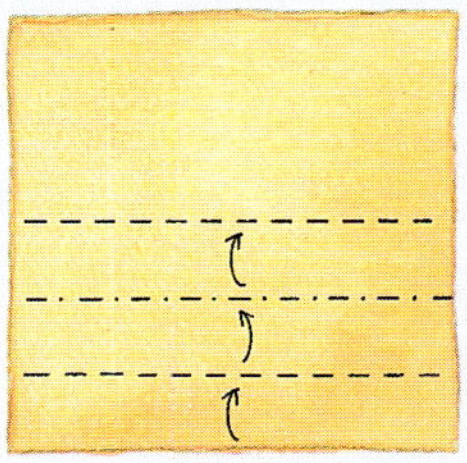

1. Pliez la serviette en accordéon en formant six plis de bas en haut. La première bande est placée sur le dessus.

2. Glissez le coin supérieur droit à l'intérieur du pli, puis le coin suivant dans son pli et ainsi de suite jusqu'à épuisement.

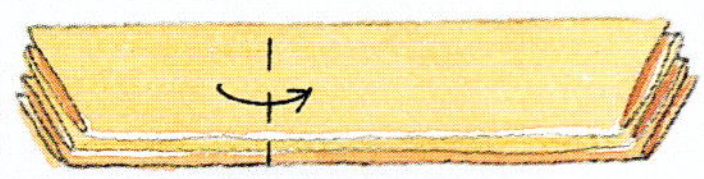

3. Procédez de la même façon du côté gauche. Rabattez le tiers gauche de l'accordéon vers la droite.

4. Repliez la moitié droite de ce rabat vers la gauche.

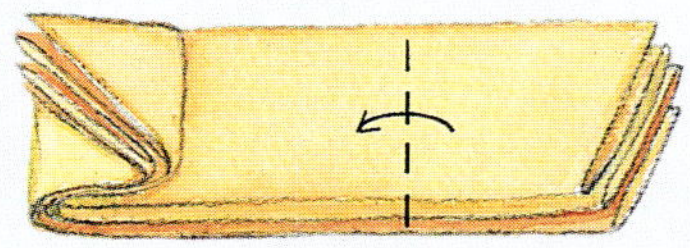

5. Rabattez le tiers droit de l'accordéon vers la gauche.

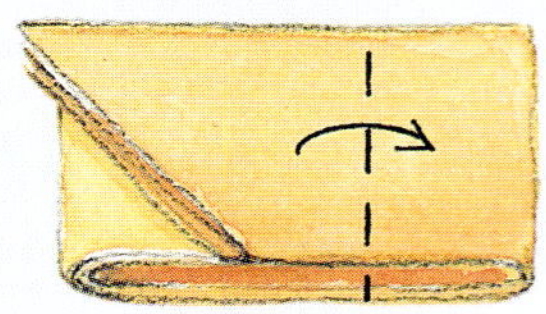

6. Repliez la moitié droite de ce rabat vers la droite.

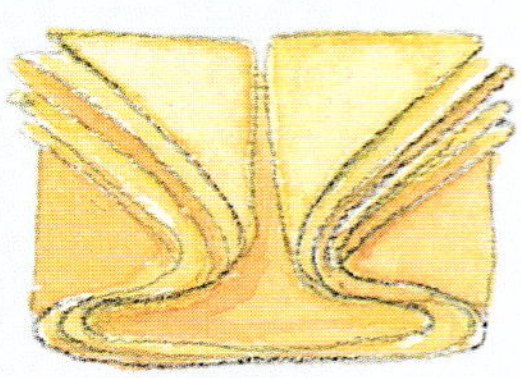

7. Tirez les coins supérieurs vers le centre du modèle.

Harpon

Il annoncera avec raffinement un repas de spécialités marines.

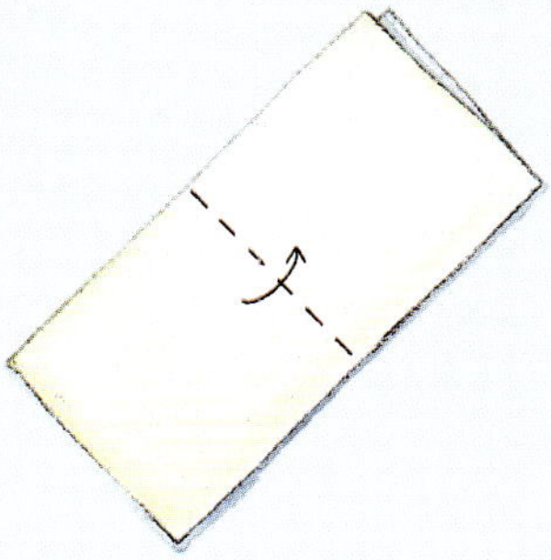

1. Posez la serviette en diagonale. Pliez-la en deux vers le haut. Pliez le rectangle obtenu en deux vers le haut.

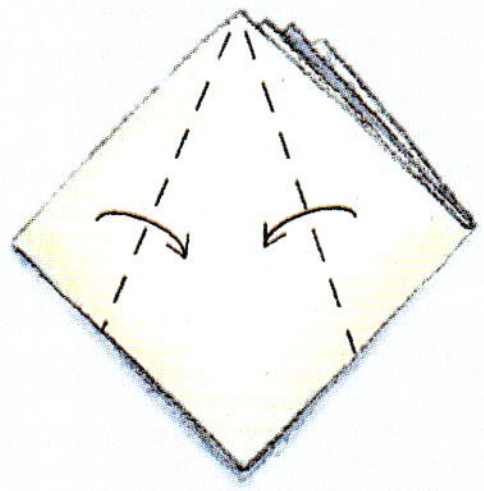

2. Repliez les coins droit et gauche vers le centre du carré.

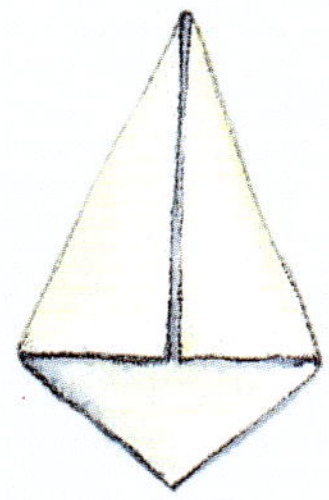

3. Retournez la serviette.

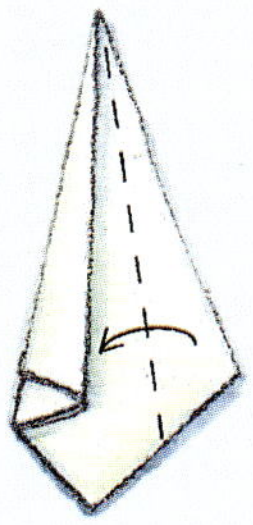

4. Repliez les bords droit et gauche vers le centre.

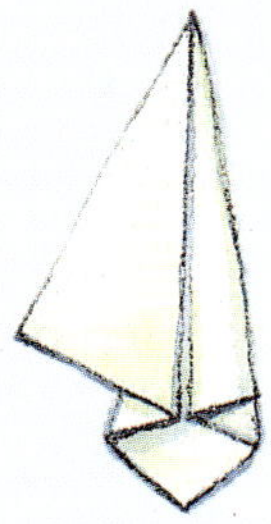

5. Tirez les bords droit et gauche de derrière la serviette.

6. Saisissez la serviette par la pointe supérieure et tirez les différentes épaisseurs une par une vers le haut.

Sydney

Demandez à vos convives cultivés de deviner ce que représente ce modèle bicolore assez peu courant : l'Opéra de Sydney en Australie, mais oui ! Voilà de quoi alimenter les conversations !

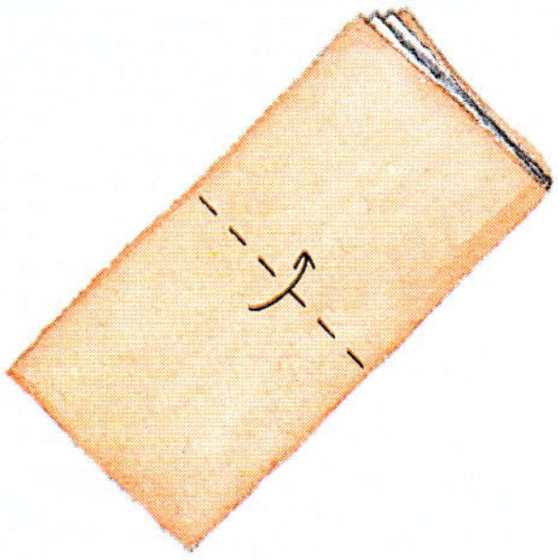

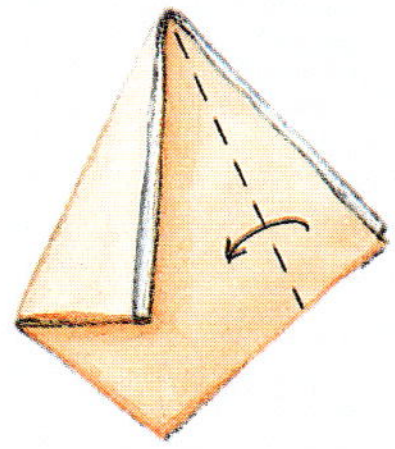

1. Posez la serviette blanche sur la serviette abricot et pliez-les en deux. Repliez le rectangle ainsi formé en deux.

2. Pliez le coin gauche vers le centre du carré.

3. Pliez le coin droit vers le centre. Retournez la serviette.

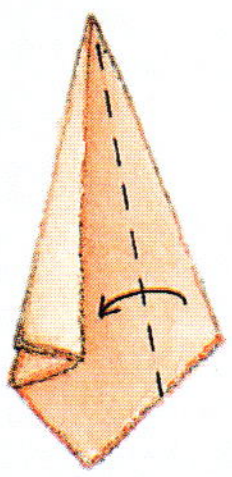

4. Repliez les bords droit et gauche vers le centre.

5. Dépliez les bords situés derrière les plis droit et gauche de la serviette.

6. Saisissez la serviette par la pointe supérieure et tirez les différentes épaisseurs une par une vers le haut.

La colombe

Les douces ondulations de ce pliage harmonieux rappellent les ailes d'une colombe.

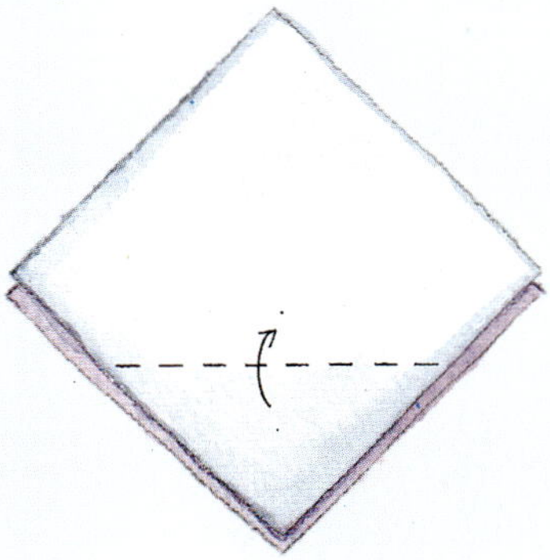

1. Posez la serviette blanche sur la serviette lilas. Repliez le coin inférieur vers le centre du carré de manière à laisser une large marge blanche.

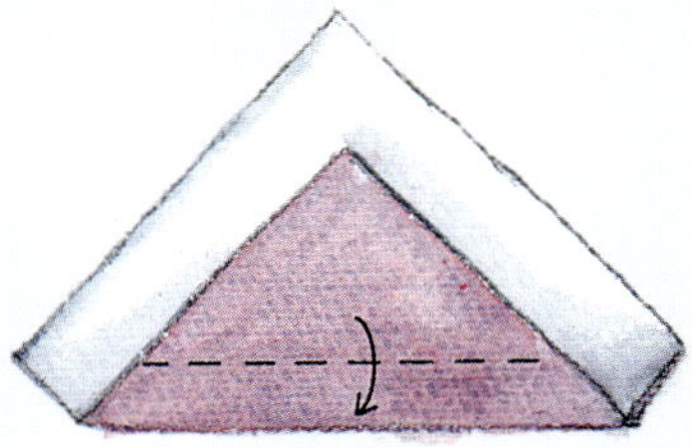

2. Repliez le triangle vers le bas suivant le pointillé.

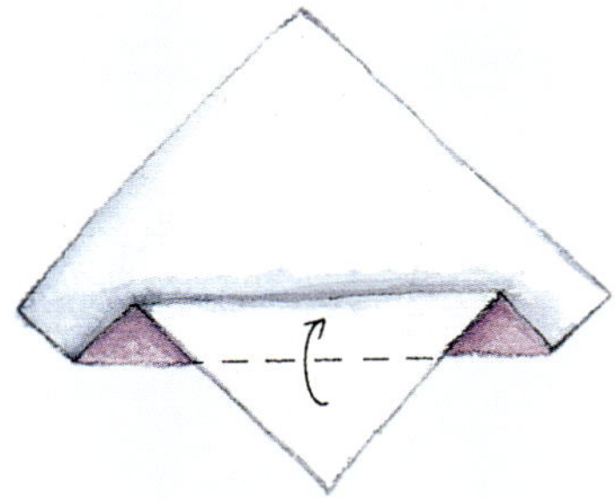

3. Repliez le triangle vers le haut suivant le pointillé.

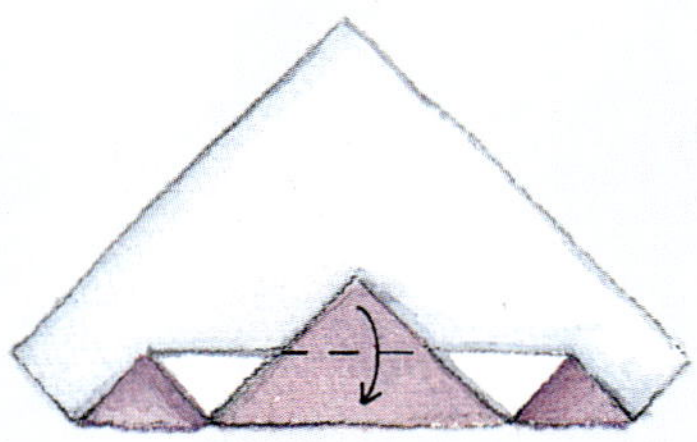

4. Repliez le triangle vers le bas suivant le pointillé.

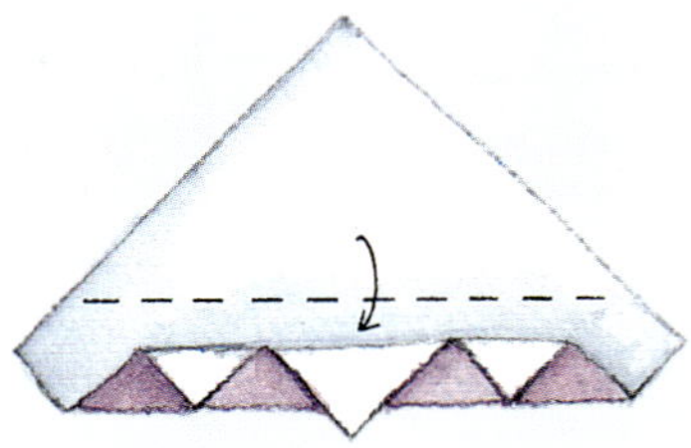

5. Repliez le triangle supérieur vers vous.

6. Repliez le triangle ainsi formé vers le haut.

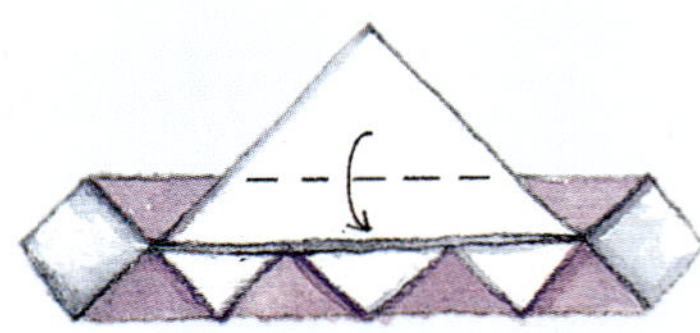

7. Repliez le triangle supérieur vers le bas selon le pointillé.

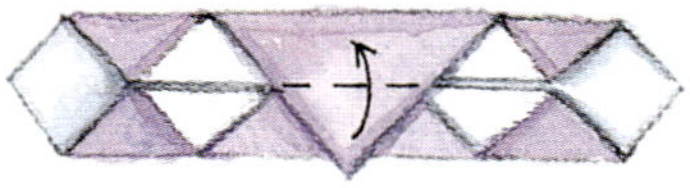

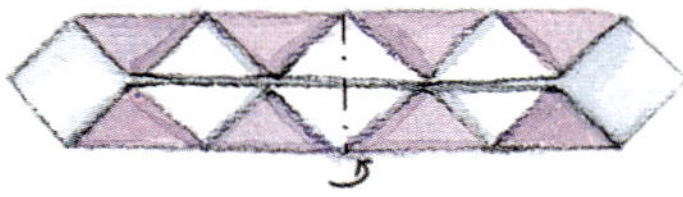

8. Repliez le triangle supérieur vers le haut selon le pointillé.

9. Pliez la serviette en deux moitiés égales vers l'arrière.

Feuille de lilas

Cette forme capte toute l'élégance naturelle de la feuille de lilas et peut même recevoir une petite surprise !

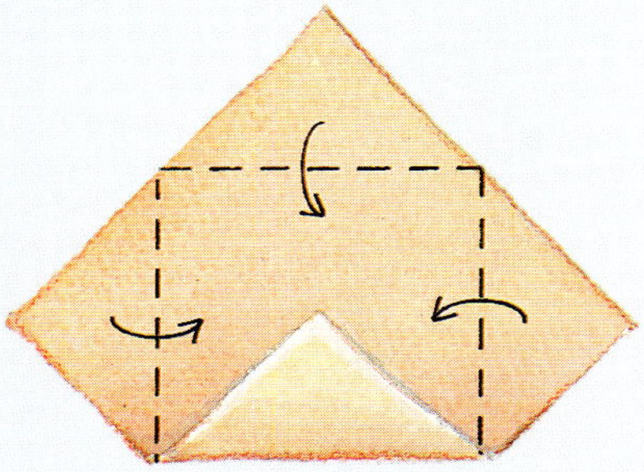

1. Posez la serviette en diagonale et repliez les quatre coins du carré vers le centre.

2. Faites pivoter la serviette de 45°, en diagonale.

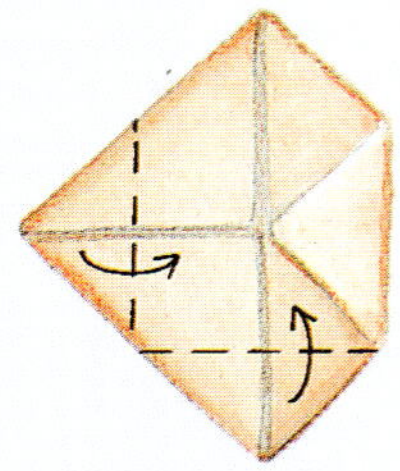

3. Repliez les coins inférieur, droit et gauche vers le centre.

4. Retournez la serviette.

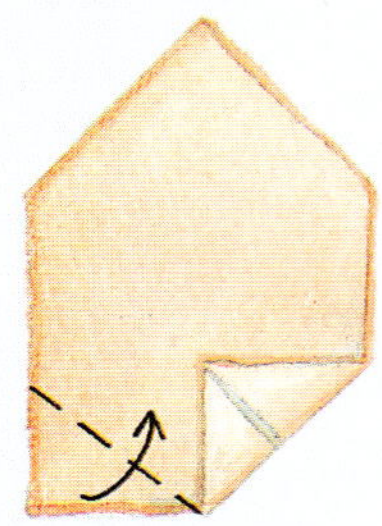

5. Repliez les coins inférieurs gauche et droit vers le centre.

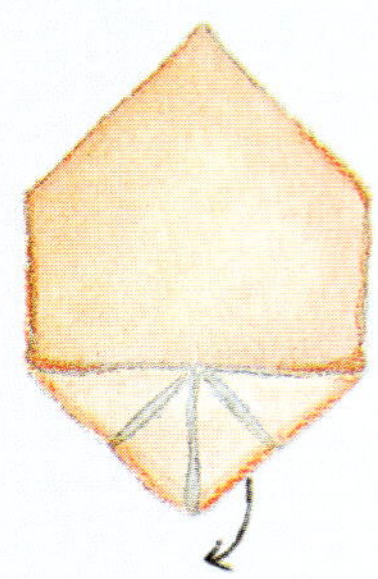

6. Maintenez les coins repliés au centre d'une main et tirez sur les coins inférieur, droit et gauche pour les ramener vers l'avant.

Fleur de lys

La serviette évoque les fleurs du bouquet pour un repas de communion ou un festin royal !

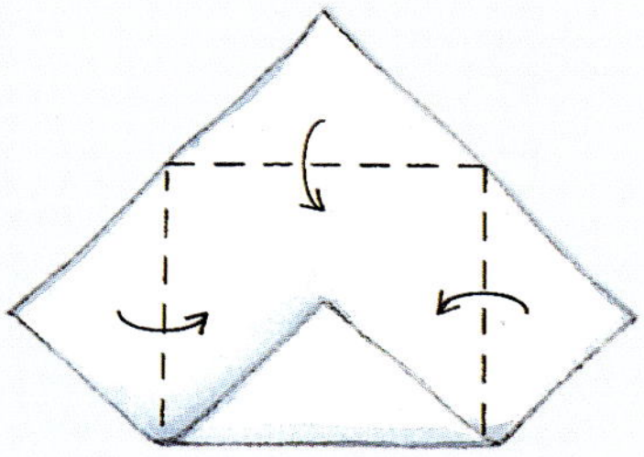

1. Posez la serviette en diagonale et repliez les quatre coins du carré vers le centre.

2. Faites pivoter la serviette de 45°, en diagonale.

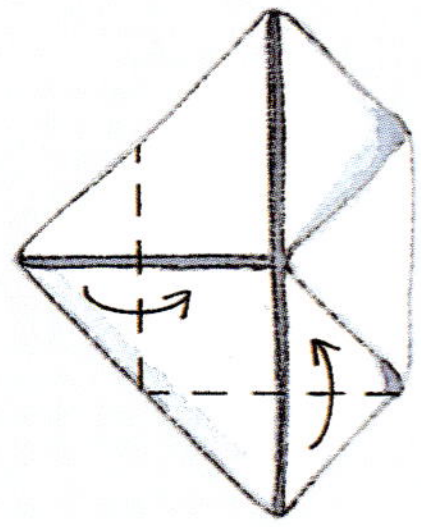

3. Repliez les coins inférieur, droit et gauche vers le centre.

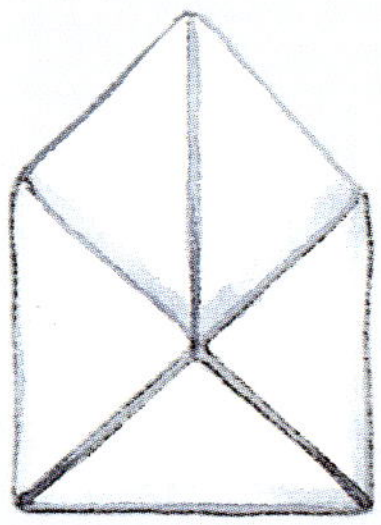

4. Retournez la serviette.

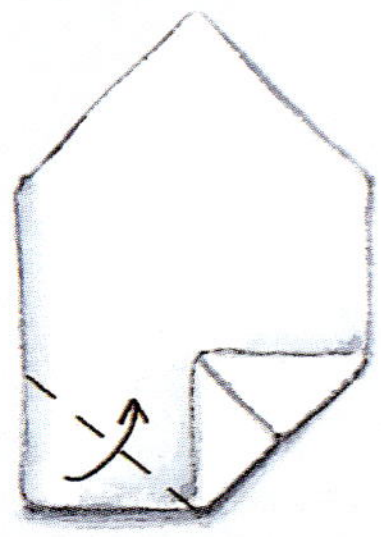

5. Repliez les coins inférieurs gauche et droit vers le centre.

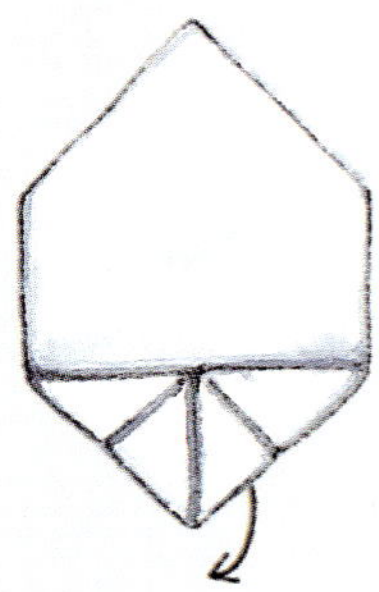

6. Maintenez les coins repliés au centre d'une main et tirez sur les coins inférieur, droit et gauche pour les ramener vers l'avant.

Classique

Le nénuphar

Voici une fleur somptueuse pour commencer le repas en beauté. Vous pouvez déposer un petit pain en son centre.

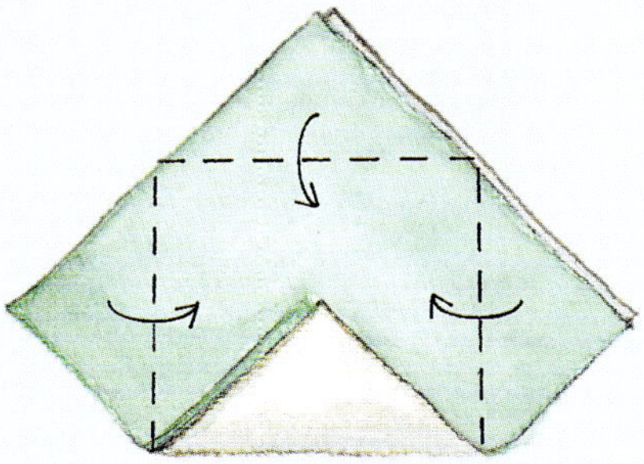

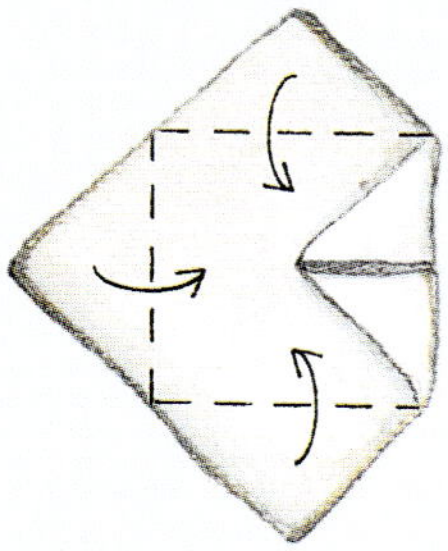

1. Posez la serviette vert roseau sur la serviette beige. Repliez les quatre coins vers le centre du carré.

2. Repliez à nouveau les quatre coins vers le centre. Retournez la serviette.

3. Repliez les quatre coins vers le centre du carré.

4. Maintenez les coins au centre du carré avec le pouce et ramenez vers l'avant les coins situés au dos de la serviette.

Fleur de lotus

Pour ne pas regretter d'avoir à déplier cette fleur magnifique et pourtant si simple à réaliser, servez-vous-en comme décoration de table ou de buffet.

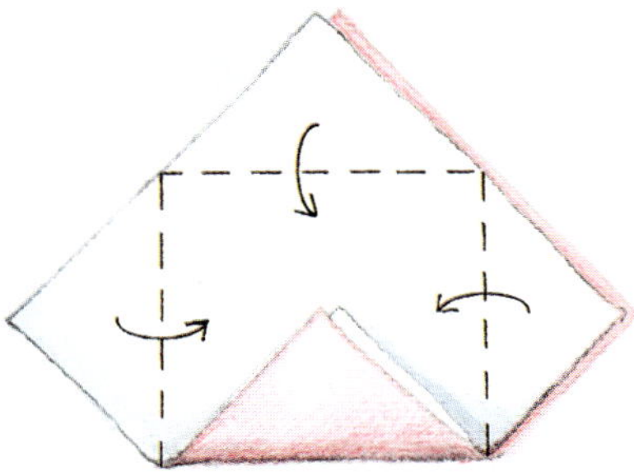

1. Posez la serviette blanche sur la serviette rose. Repliez les quatre coins vers le centre du carré.

2. Repliez à nouveau les quatre coins vers le centre. Retournez la serviette.

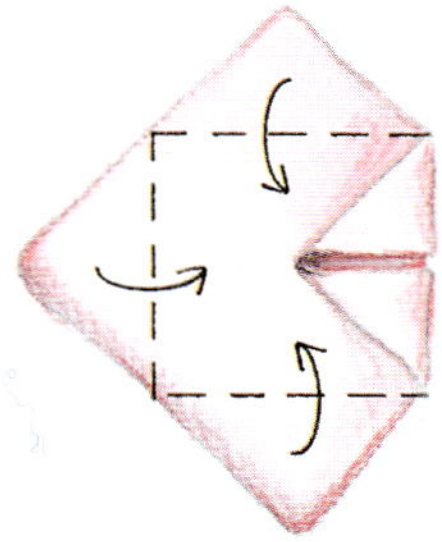

3. Repliez les quatre coins vers le centre du carré.

4. Maintenez les coins au centre du carré avec le pouce et ramenez vers l'avant les coins situés au dos de la serviette.

5. Maintenez fermement les coins par le centre. Ramenez vers l'avant les coins situés au dos de la serviette, entre les quatre coins précédents.

Fleur de lotus bicolore

Ce modèle est réservé aux « plieurs » chevronnés, car il demande un peu de doigté. Pour une réussite assurée, réalisez-le dans le calme, la veille de votre réception.

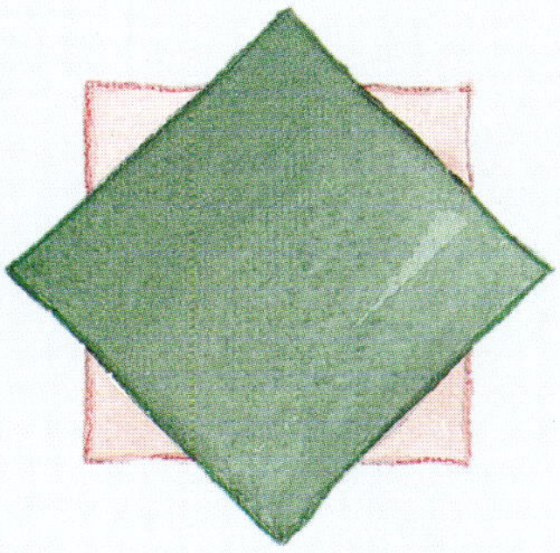

1. Posez la serviette verte en diagonale sur la serviette rose.

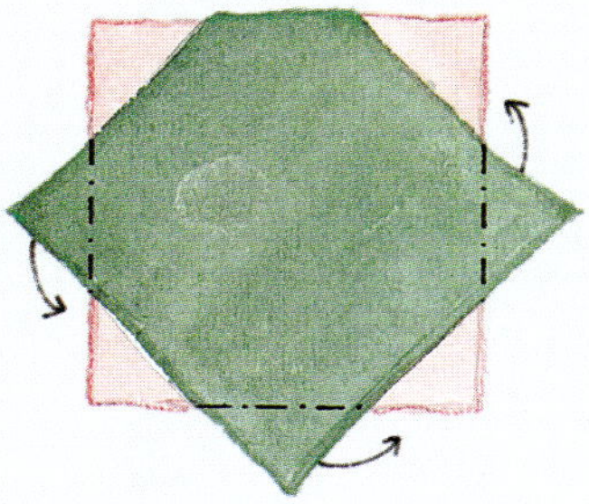

2. Repliez les quatre coins verts derrière la serviette rose.

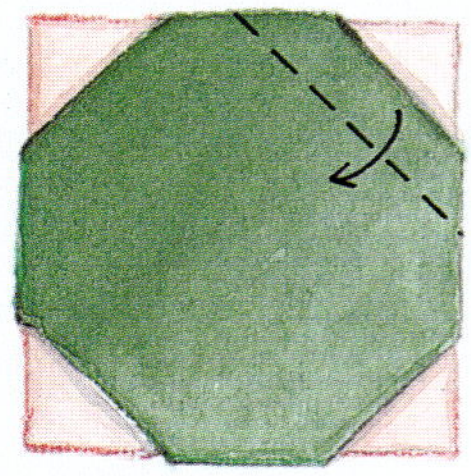

3. Pliez le coin supérieur droit du carré vers le centre.

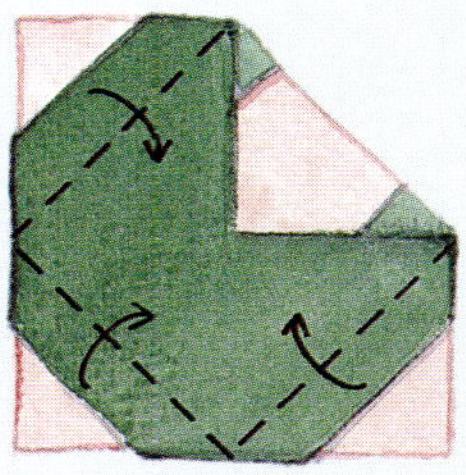

4. Pliez les trois autres coins de la même façon, vers le centre du carré.

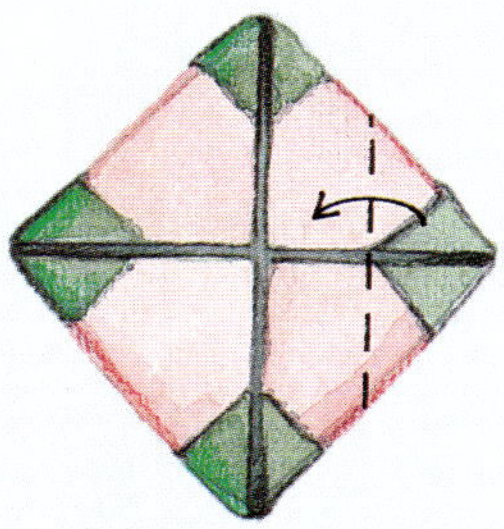

5. Pliez le coin droit vers le centre du carré ainsi formé.

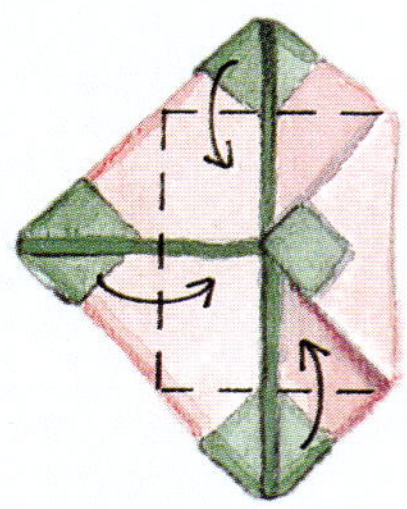

6. Pliez les trois autres coins vers le centre du carré.

7. Retournez la serviette.

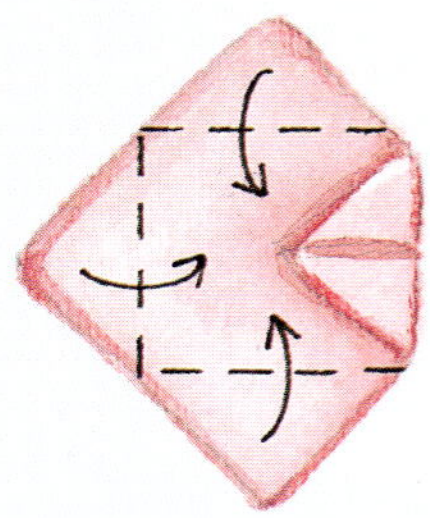

8. Repliez les quatre coins vers le centre du carré.

9. Maintenez les coins situés au centre avec le pouce. Ramenez le coin supérieur droit de la serviette d'arrière en avant.

10. Ramenez d'arrière en avant les trois autres coins situés au dos de la serviette.

11. Ramenez vers l'avant les coins situés au dos de la serviette, entre les quatre coins précédents.

La cathédrale

Parfaite pour un repas de communion ou de confirmation, cette présentation gagnera encore en raffinement si vous bordez la serviette d'un ruché.

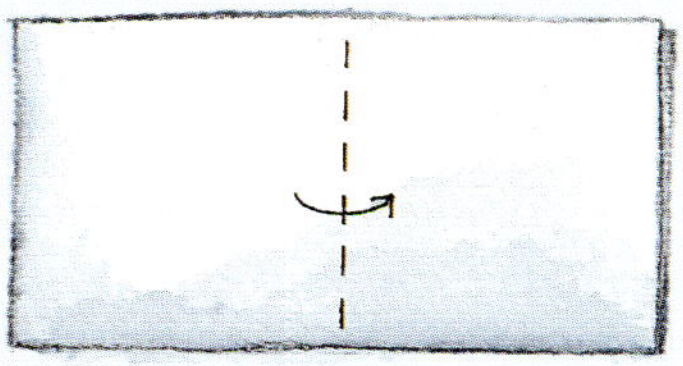

1. Pliez la serviette en deux vers le haut, puis à nouveau en deux vers la droite pour former un carré.

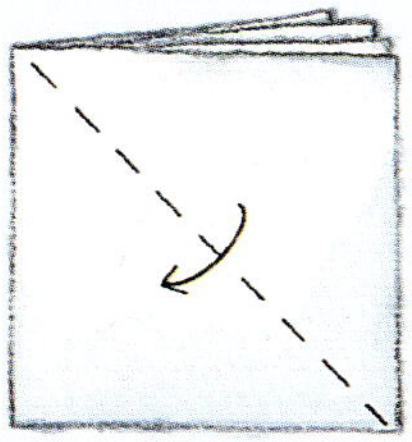

2. Les quatre épaisseurs de serviette s'ouvrent librement dans le coin supérieur droit. Pliez la première épaisseur le long de la diagonale en pointillé.

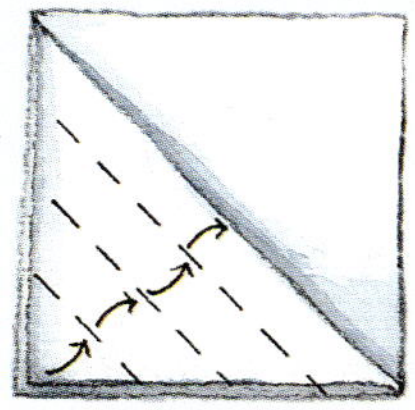

3. Pliez ce coin en accordéon en remontant de bas en haut jusqu'à la diagonale.

4. En haut à droite, pliez l'épaisseur du dessus en accordéon en descendant jusqu'à la diagonale.

5. Faites pivoter la serviette de 45° vers la droite.

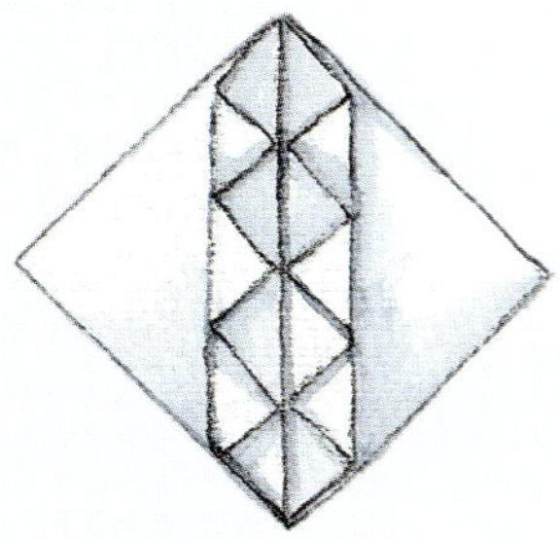

6. Rabattez le coin inférieur vers l'arrière.

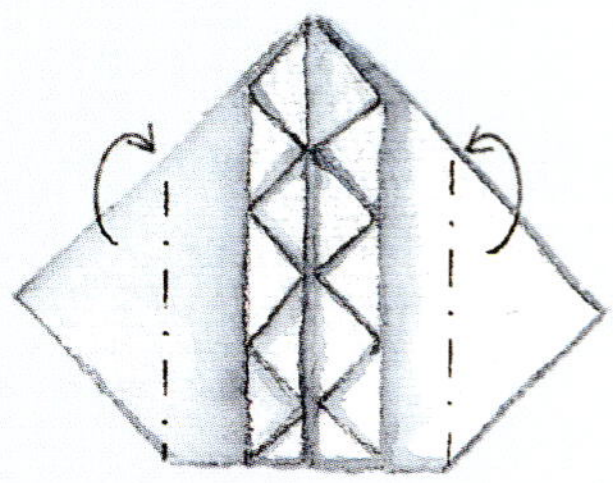

7. Rabattez les coins droit et gauche vers l'arrière.

Classique

Porte-couverts

Idéal pour les tables dressées en plein air,
car les serviettes sont lestées par les couverts qu'elles protègent.

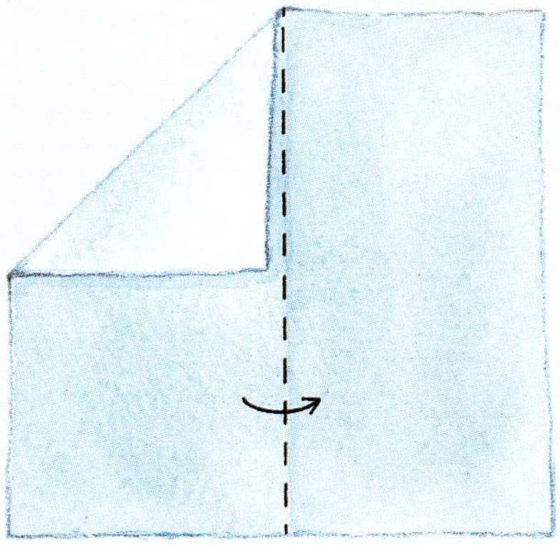

1. Pliez le coin supérieur gauche vers le centre du carré. Pliez la serviette en deux selon le pli central vertical.

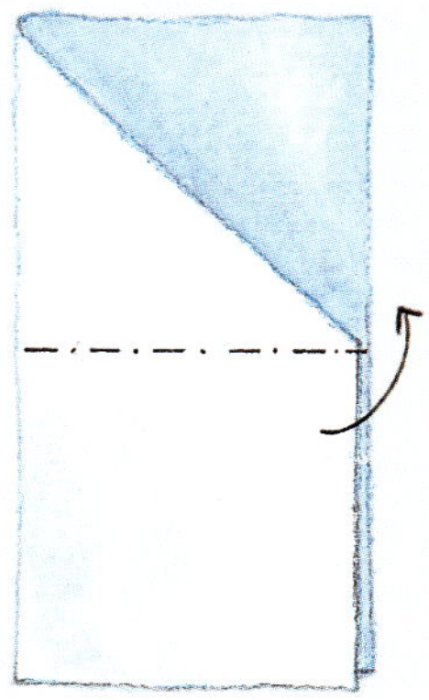

2. Rabattez la moitié inférieure de la serviette vers l'arrière.

3. Faites pivoter la serviette de 45° vers la gauche de telle sorte que le côté ouvert soit tourné vers le haut.

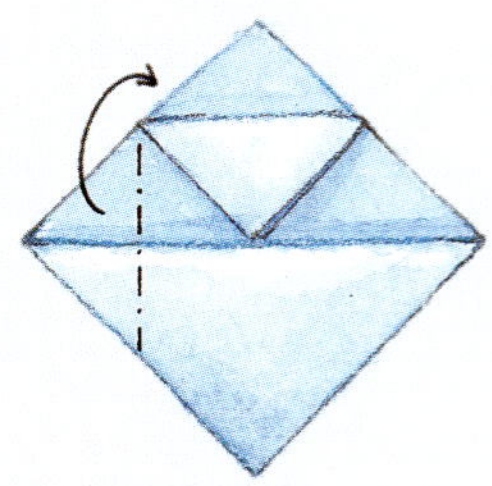

4. Repliez les deux épaisseurs du coin supérieur vers le centre. Rabattez le coin gauche vers l'arrière.

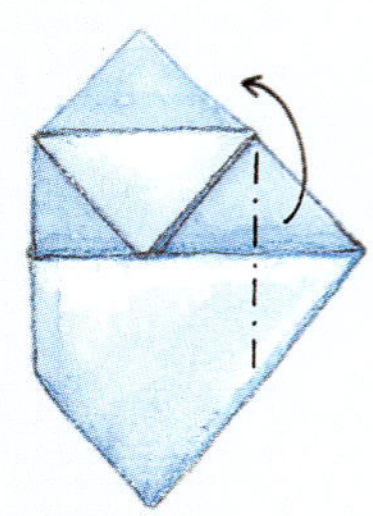

5. Rabattez le coin droit vers l'arrière.

Le *pour et le contre*

Ce modèle parfaitement symétrique est facile et rapide à réaliser.

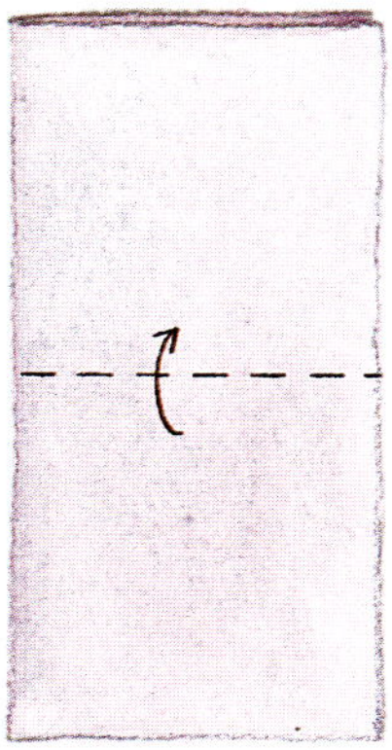

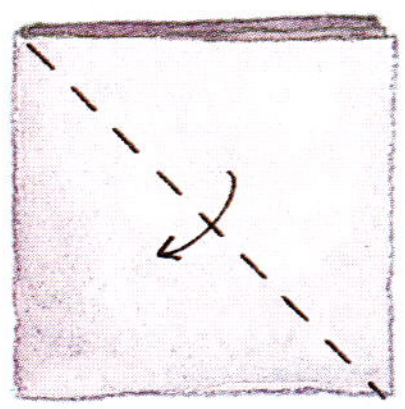

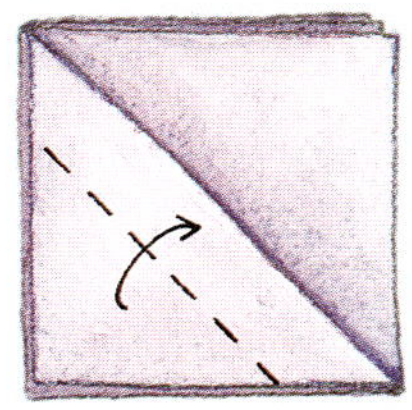

1. Pliez la serviette en deux vers la droite, puis en deux vers le haut.

2. Pliez la première épaisseur du coin supérieur droit vers le bas, le long de la diagonale en pointillé.

3. Repliez le triangle ainsi formé vers le haut le long du pointillé.

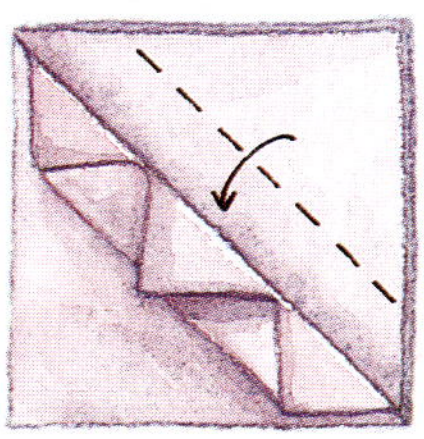

4. Repliez la pointe du triangle vers le bas. Pliez la première épaisseur du coin supérieur droit selon la diagonale.

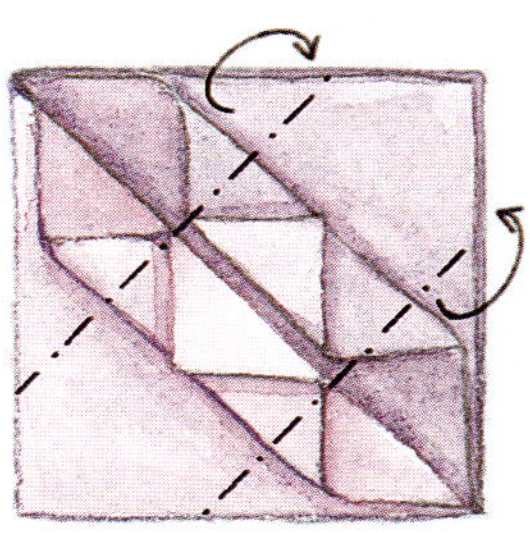

5. Repliez le triangle vers le haut, puis la pointe vers le bas. Rabattez les coins gauche et droit vers l'arrière.

La pochette

Comblez vos invités en glissant un présent miniature à l'intérieur de cette ravissante pochette.

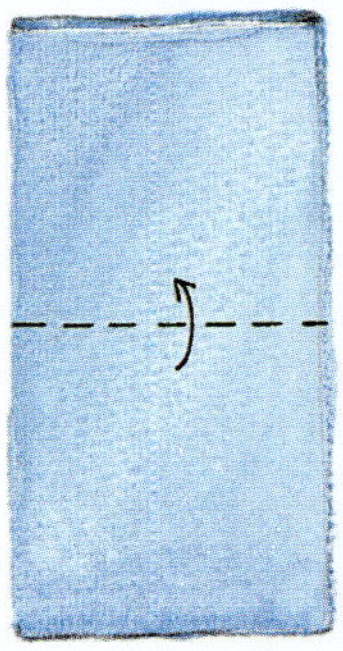

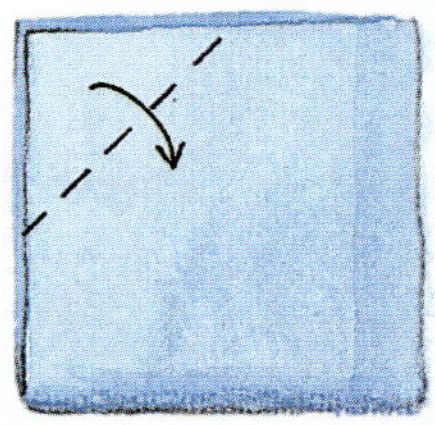

1. Pliez la serviette en deux vers la gauche, puis encore en deux vers le haut.

2. Repliez deux épaisseurs du coin supérieur gauche vers le centre du carré.

3. Pliez le coin supérieur droit vers le centre du carré.

4. Pliez le triangle ainsi formé selon le pointillé, un peu en dessous du pli central horizontal.

5. Pliez les coins supérieurs droit et gauche l'un après l'autre vers le centre du carré.

6. Repliez ce triangle par-dessus le premier.

Original

Le *moulin*

Egayez vos soirées « barbecue » avec ces superbes moulins.

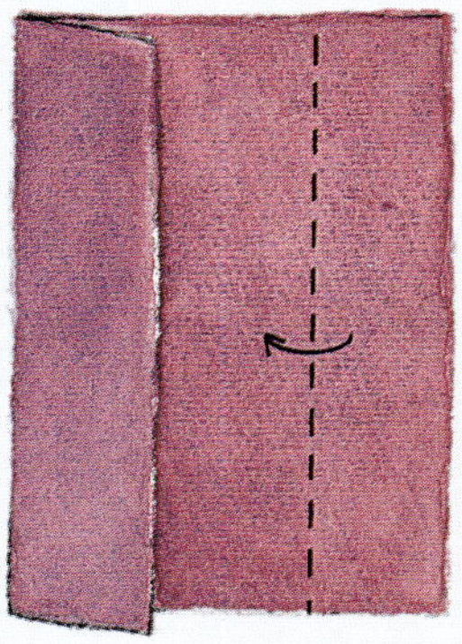

1. Pliez les moitiés gauche, puis droite, en deux vers le centre de la serviette.

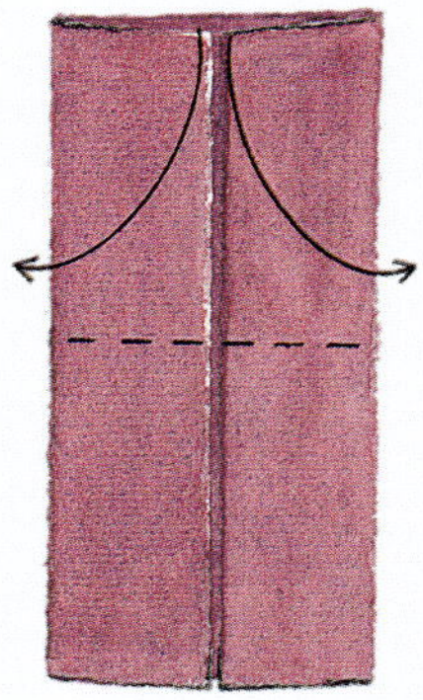

2. Amenez le bord supérieur sur le pli central en écartant les coins internes comme indiqué.

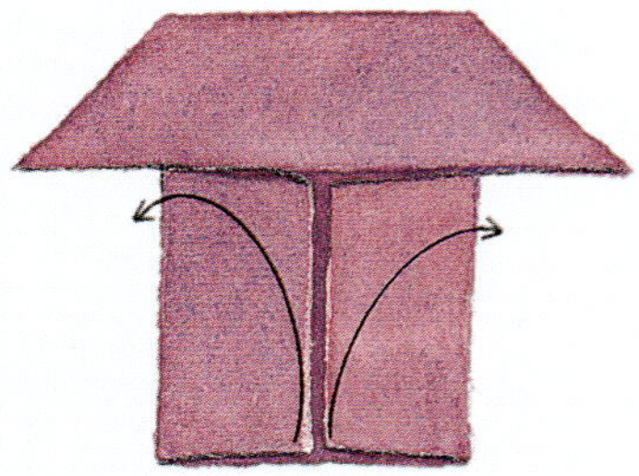

3. Procédez de même avec le bord inférieur.

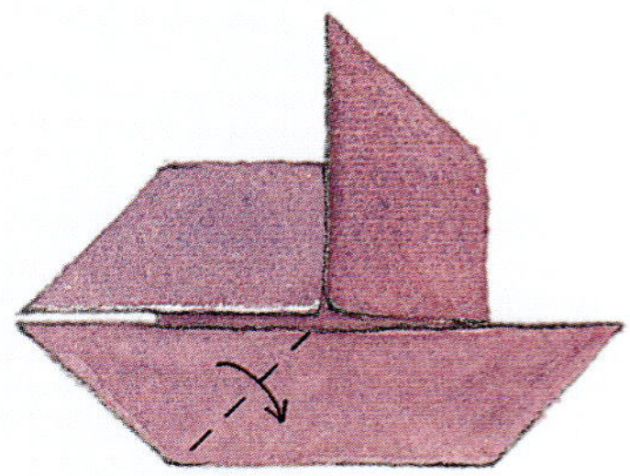

4. Pliez le coin supérieur droit vers le haut et le coin inférieur gauche vers le bas.

Felouque égyptienne

Ces felouques accompagneront à merveille des spécialités orientales et contribueront à créer une ambiance des Mille et Une Nuits.

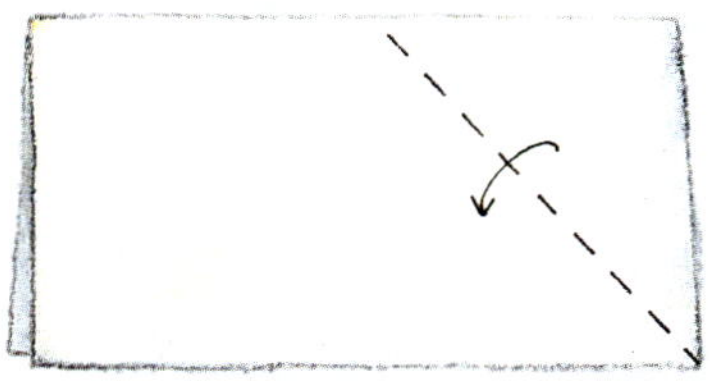

1. Pliez la serviette en deux vers le bas. Pliez le coin supérieur droit vers le centre.

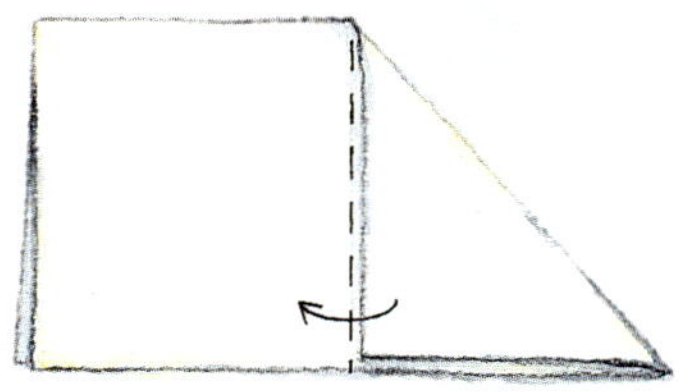

2. Pliez le coin droit vers la gauche selon le pointillé.

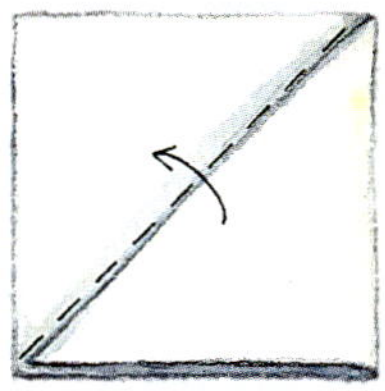

3. Pliez le coin inférieur droit en diagonal vers la gauche selon le pointillé.

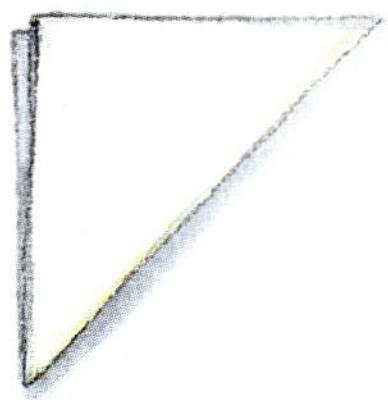

4. Faites pivoter la serviette de 90°vers la gauche.

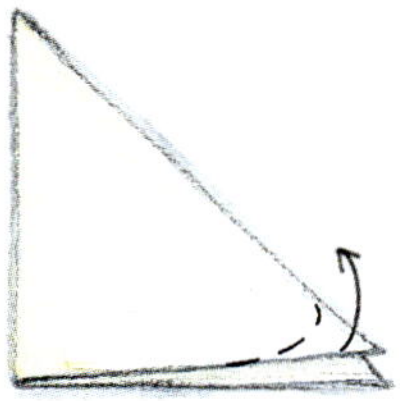

5. Relevez une à une les quatre épaisseurs du coin inférieur droit. Elargissez un peu le modèle.

La soutane

Un modèle créé sur mesure pour un repas de fête religieuse !

1. Posez la serviette en diagonale. Pliez la serviette en deux selon la diagonale. Repliez une bande parallèle à la diagonale comme indiqué.

2. Retournez la serviette.

3. Pliez le coin droit vers le bas.

4. Pliez le coin gauche vers le bas.

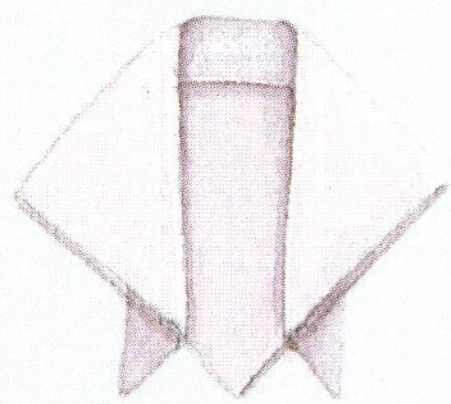

5. Aplatissez les pointes.

Original

La chemise

Pour une surprise réussie, piquez une épingle à cravate ou une broche dans ce modèle un jour d'anniversaire !

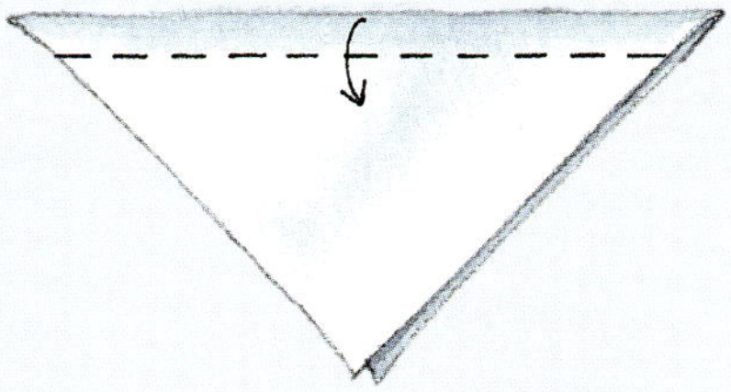

1. Posez la serviette en diagonale. Pliez la serviette en deux selon la diagonale. Repliez une bande parallèle à la diagonale comme indiqué.

2. Retournez la serviette.

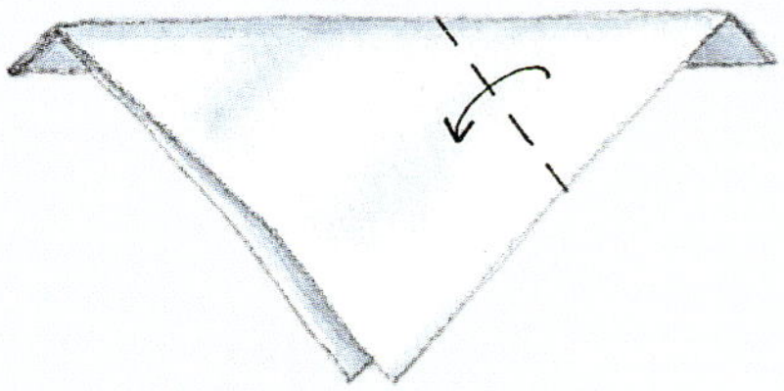

3. Pliez le coin droit vers le bas.

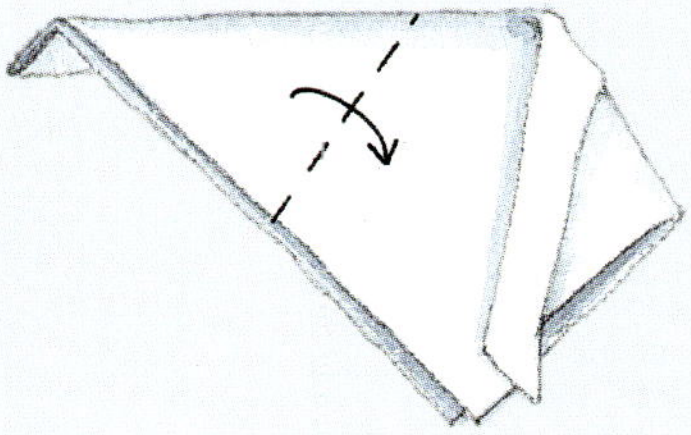

4. Pliez le coin gauche vers le bas.

5. Rapprochez les pointes en respectant la symétrie.

Original

Le *spectre*

Pour mettre une soirée d'automne un peu lugubre sous le signe de la plaisanterie, jouez un tour à vos convives en dressant un spectre sur la table.

1. Pliez le bord gauche, puis le bord droit le long de l'axe central.

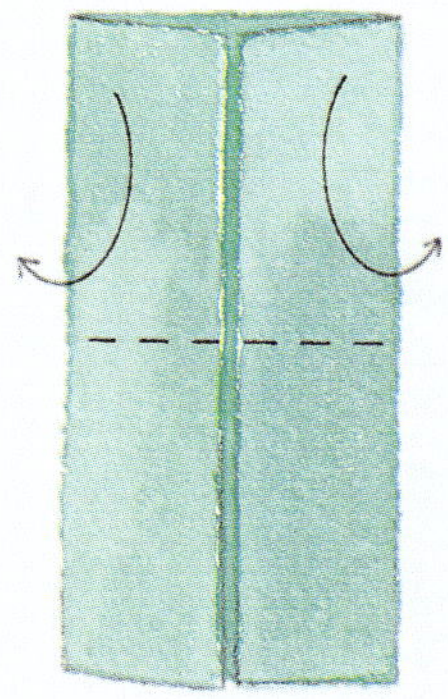

2. Repliez le bord supérieur sur la pliure centrale (pointillé) en tirant sur les coins intérieurs pour les ouvrir.

3. Repliez le bord inférieur sur la pliure centrale (pointillé) en tirant sur les coins intérieurs pour les ouvrir.

4. Retournez la serviette.

5. Pliez la serviette en deux vers le bas.

6. Pliez la serviette en deux vers la droite.

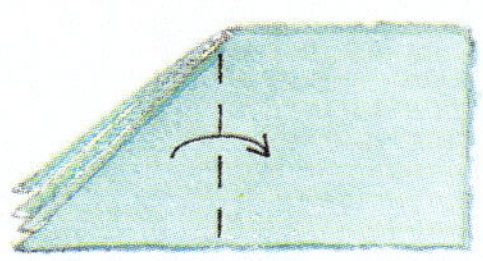

7. Pliez l'épaisseur supérieure gauche de la serviette vers la droite.

8. Retournez la serviette.

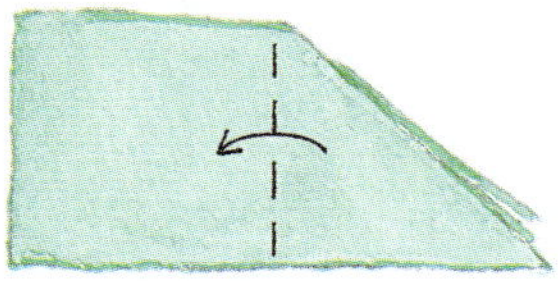

9. Repliez l'épaisseur supérieure droite de la serviette vers la gauche.

10. Dressez la serviette.

Original

Avion de chasse

Voici de quoi séduire vos amis sportifs !
Ce modèle aussi simple qu'élégant ne déparera pas sur une table de fête.

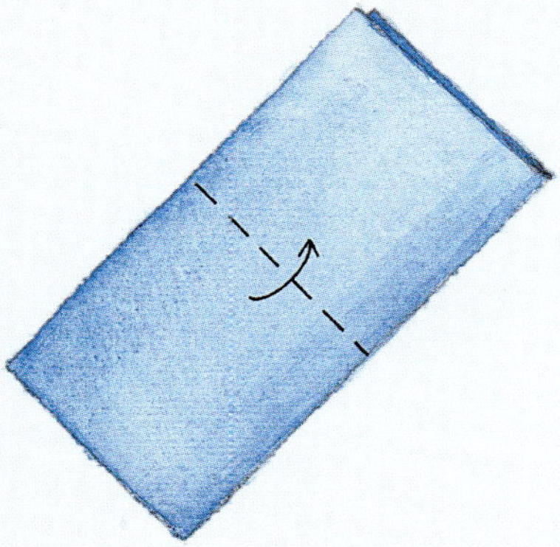

1. Posez la serviette en diagonale. Pliez-la en deux vers le haut, puis encore en deux vers la droite.

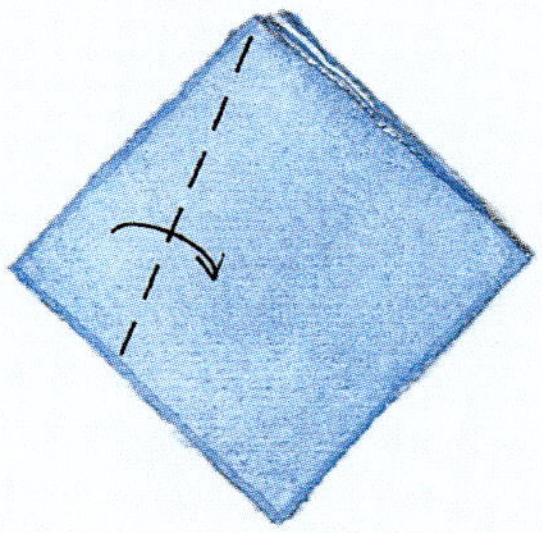

2. Repliez le coin gauche vers le centre.

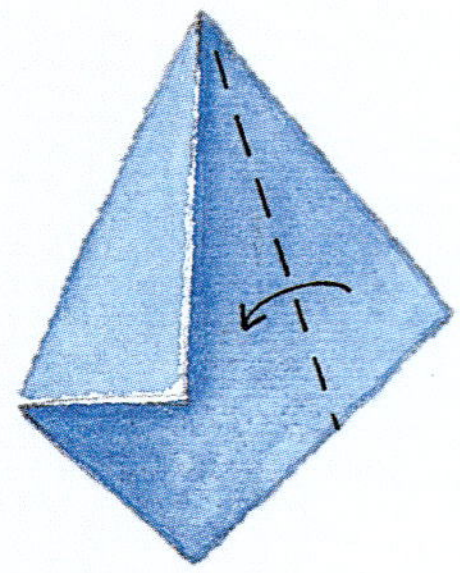

3. Repliez le coin droit vers le centre.

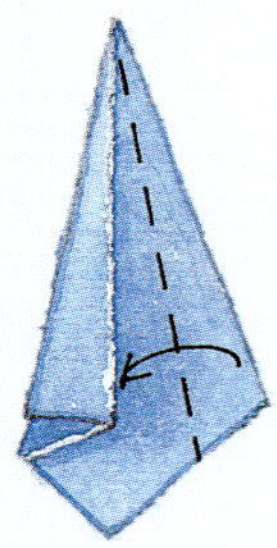

4. Retournez la serviette. Repliez les coins droit et gauche vers le centre.

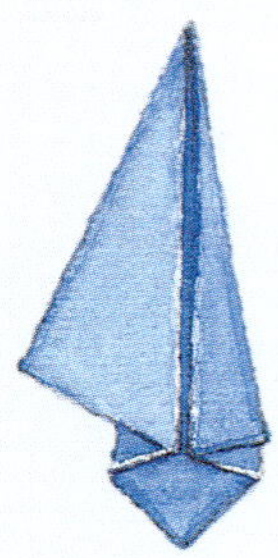

5. Ramenez les coins droit et gauche vers l'avant. Retournez la serviette.

Original

Le *cygne*

Ce splendide oiseau trônera avec élégance sur la table pour une grande occasion. Ne vous extasiez plus sur sa beauté, apprenez à le réaliser vous-même.

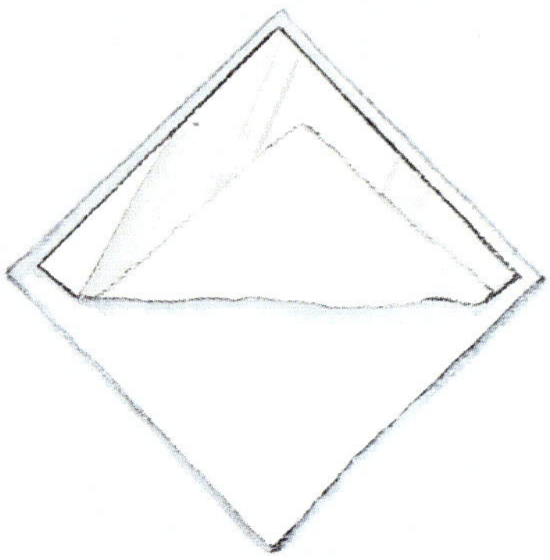

1. Posez la serviette en diagonale. Placez un morceau de papier aluminium sur la partie supérieure.

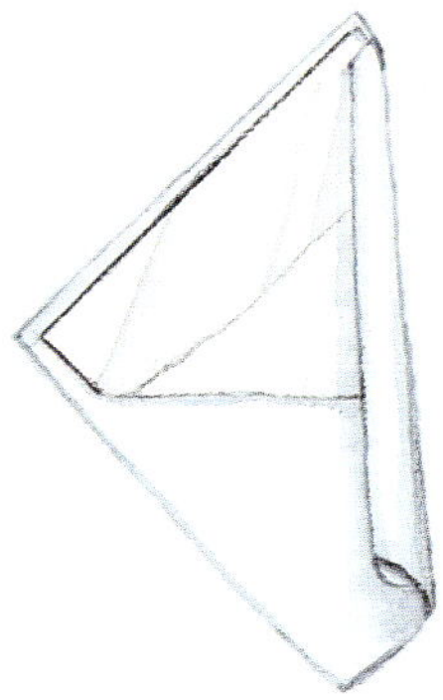

2. Enroulez le côté droit de la serviette jusqu'au centre.

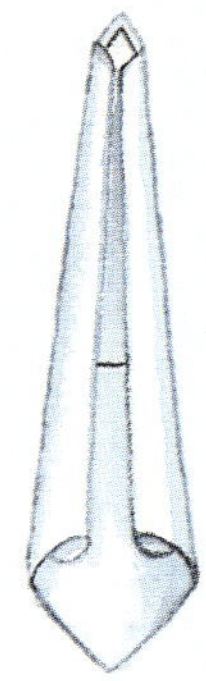

3. Enroulez le côté gauche de la serviette jusqu'au centre.

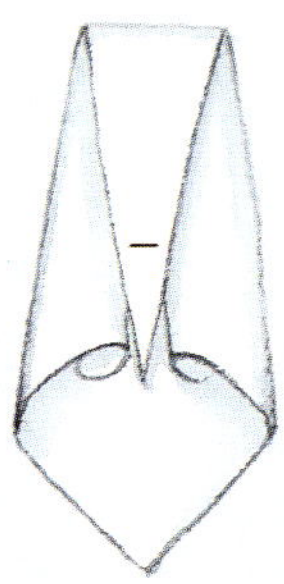

4. Rabattez la pointe supérieure de la serviette vers le bas en la pliant à peu près au centre.

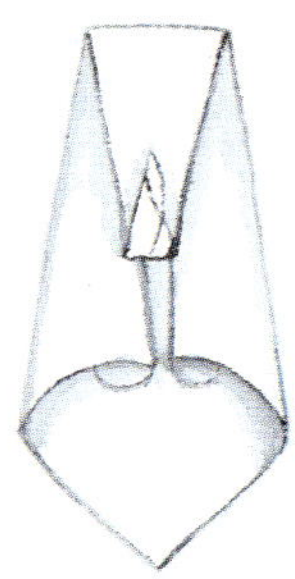

5. Repliez la pointe de la partie rabattue vers le haut. Ajoutez un *éventail bicolore* derrière la « tête » et vous obtiendrez le cygne.

La montagne

En hiver, réchauffez vos amis avec un bon dîner rustique et annoncez la couleur avec ce pliage original.

1. Pliez la serviette en deux vers la droite. Rabattez tous les coins vers le centre.

2. Repliez la pointe inférieure vers le haut.

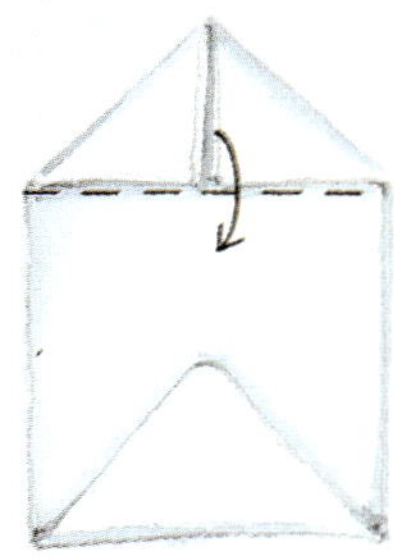

3. Repliez la pointe supérieure vers le bas.

4. Retournez la serviette. Rabattez le quart inférieur vers le haut.

5. Rabattez le quart supérieur vers le bas.

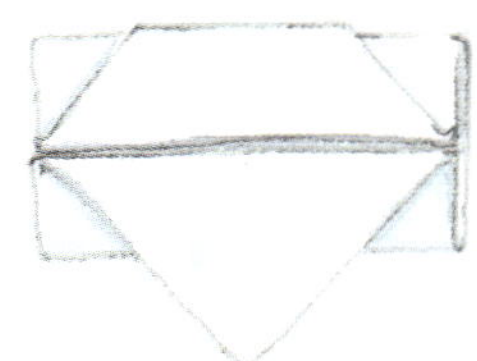

6. Ramenez les coins situés sous les plis supérieur et inférieur vers l'avant.

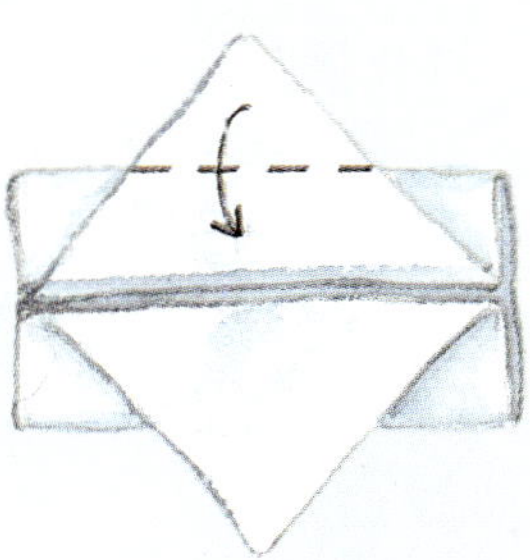

7. Repliez le coin supérieur vers le bas et le coin inférieur vers le haut.

8. Pliez la serviette horizontalement en deux vers l'arrière.

9. Posez le modèle debout, les trois plis vers le haut.

Original

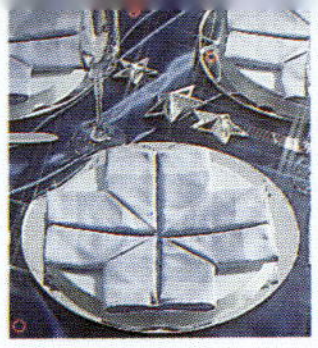

Croix du Sud

Pour un bref voyage dans l'hémisphère Sud!

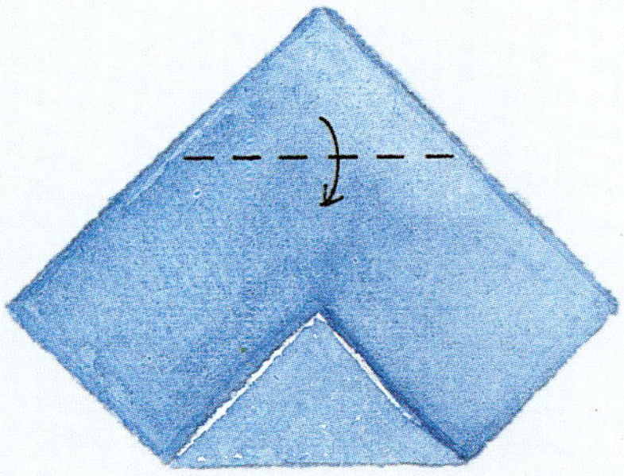

1. Posez la serviette en diagonale. Repliez les coins inférieur et supérieur vers le centre du carré.

2. Repliez les coins droit et gauche vers le centre.

3. Retournez la serviette. Repliez le coin supérieur gauche vers le centre.

4. Repliez de la même façon les trois autres coins vers le centre.

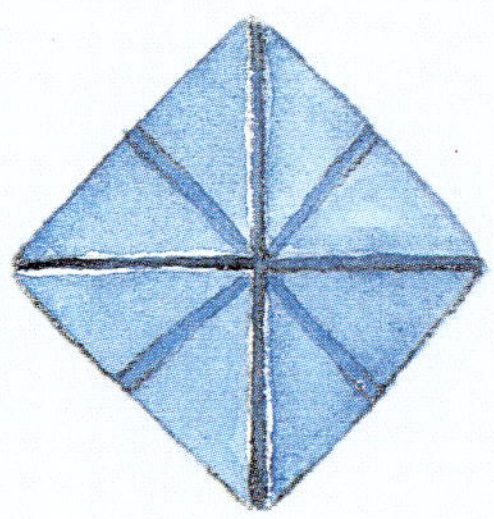

5. Retournez la serviette.

6. Repliez le coin supérieur vers le centre.

7. Repliez le coin inférieur vers le centre.

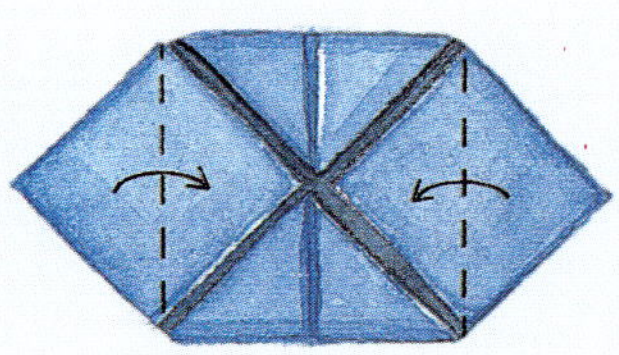

8. Repliez les coins droit et gauche vers le centre.

9. Ouvrez le carré supérieur droit et tirez-le à plat vers l'extérieur.

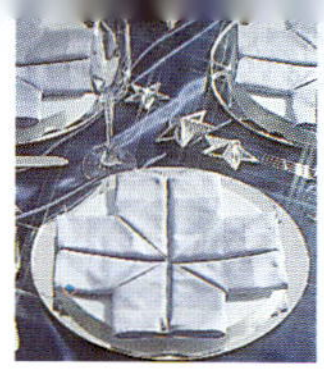

Original

10. Ouvrez les deux carrés de gauche, puis le carré inférieur droit et tirez-les à plat vers l'extérieur.

11. Elargissez légèrement le modèle.

Cornet glacé

Vive l'été ! C'est la saison idéale pour essayer ce pliage original qui apportera une note de fraîcheur sur la table.

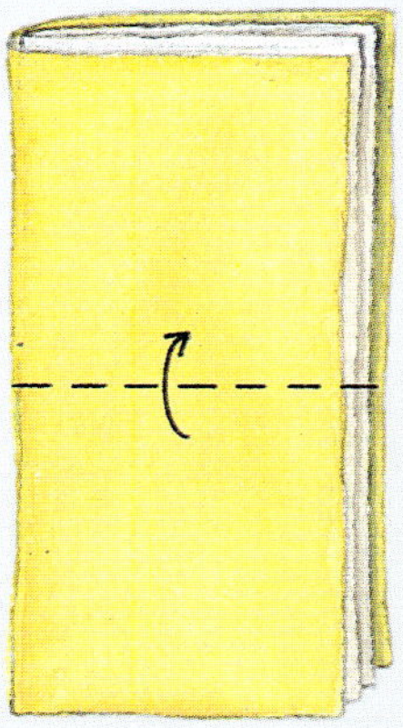

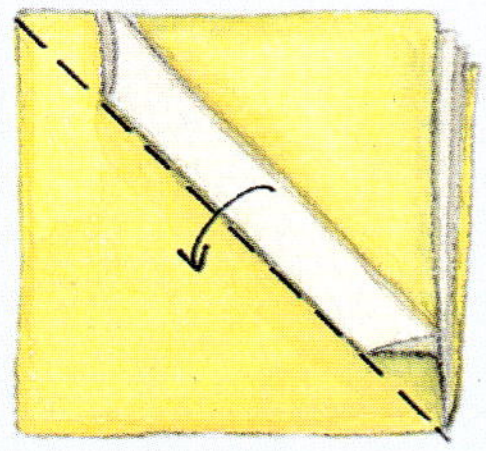

1. Posez la serviette beige sur la jaune. Pliez-les en deux vers la droite, puis encore en deux vers le haut.

2. Pliez le coin supérieur droit de la serviette jaune vers le centre, ainsi que les deux épaisseurs de serviette beige.

3. Pliez les trois épaisseurs une nouvelle fois vers le centre. Pliez la bande beige le long de la diagonale en pointillé.

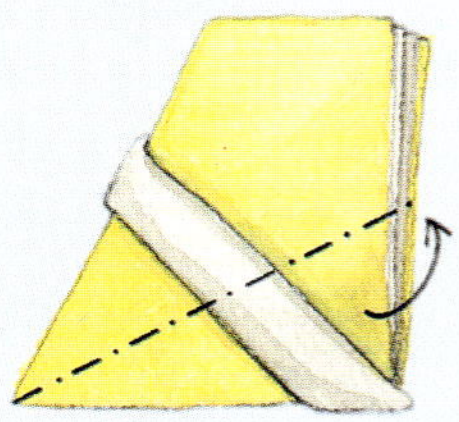

4. Rabattez les coins supérieur gauche et inférieur droit vers l'arrière.

Original

Cornet surprise

Voici un modèle rigolo pour retomber agréablement en enfance. N'oubliez pas d'y glisser une petite surprise ou des friandises !

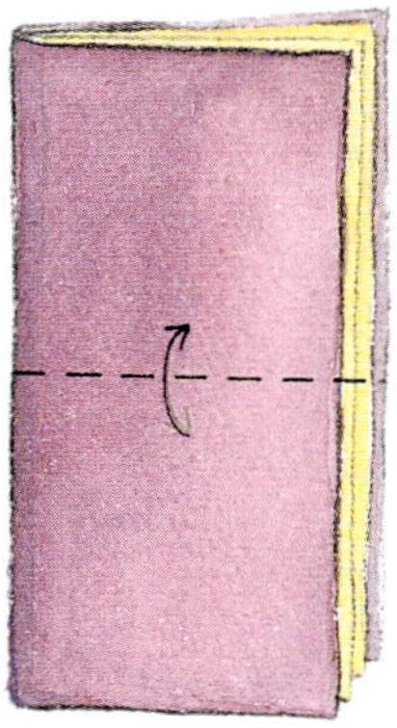

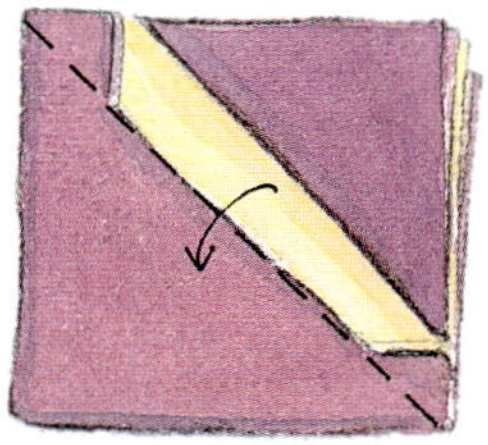

1. Posez la serviette jaune sur la serviette violette. Pliez-les en deux vers la droite, puis encore en deux vers le haut.

2. Pliez le coin supérieur droit de la serviette violette vers le centre, ainsi que les deux épaisseurs de serviette jaune.

3. Pliez les trois épaisseurs une nouvelle fois vers le centre. Pliez la bande jaune le long de la diagonale en pointillé.

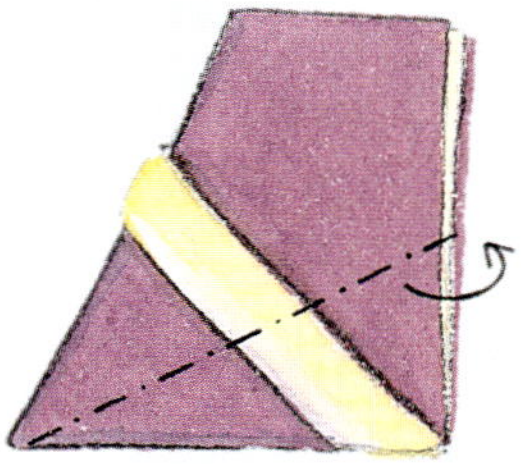

4. Rabattez les coins supérieur gauche et inférieur droit vers l'arrière.

5. Rabattez la pointe vers l'arrière.

Tourteau

Si vous avez prévu des fruits de mer ou du poisson au menu, informez-en les amateurs dès l'entrée avec ce modèle. Il est aussi décoratif sur une table simple que chic.

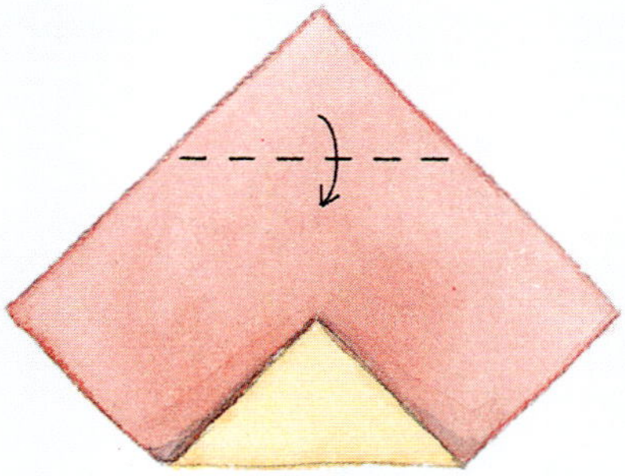

1. Posez la serviette vieux rose sur la serviette abricot. Pliez les coins inférieur et supérieur vers le centre.

2. Pliez les coins droit et gauche vers le centre du carré.

3. Retournez la serviette. Repliez le coin supérieur gauche vers le centre.

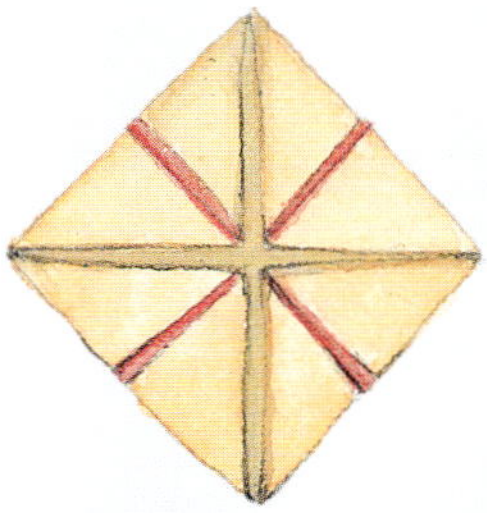

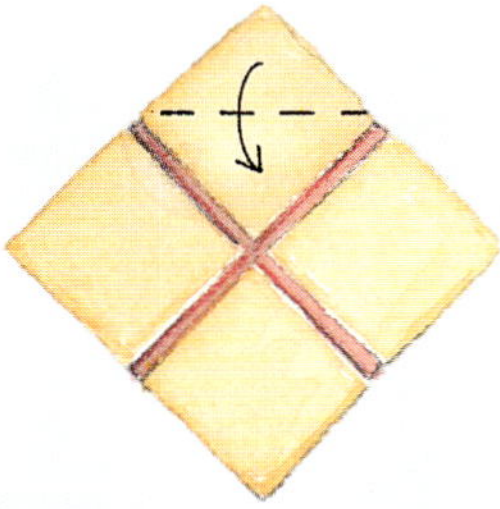

4. Repliez les trois autres coins vers le centre du carré.

5. Retournez la serviette.

6. Repliez le coin supérieur vers le centre selon le pointillé.

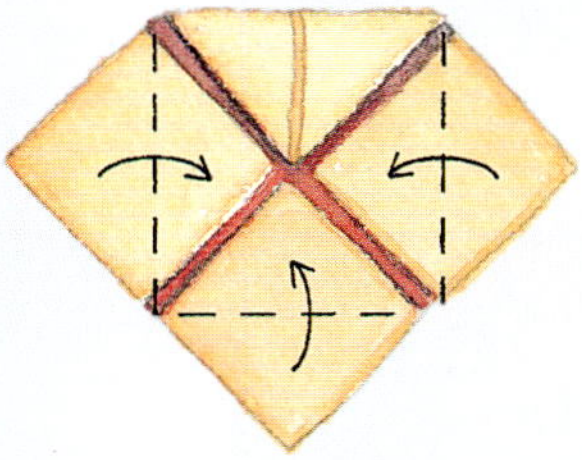

7. Repliez les trois autres coins vers le centre selon les pointillés.

8. Retournez la serviette.

9. Ouvrez le carré supérieur droit et tirez-le à plat vers l'extérieur.

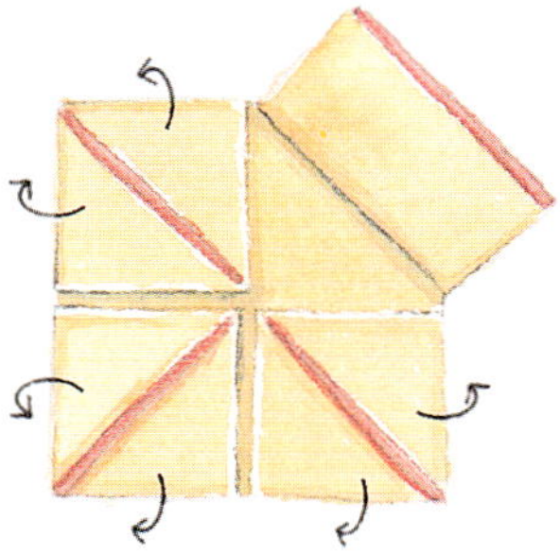

10. Ouvrez les deux carrés de gauche, puis le carré inférieur droit et tirez-les à plat vers l'extérieur.

11. Elargissez légèrement le modèle.

Sandwich

Un minimum de pratique permet de réussir ce pliage un peu délicat qui apporte une touche de raffinement à la table la plus simple.

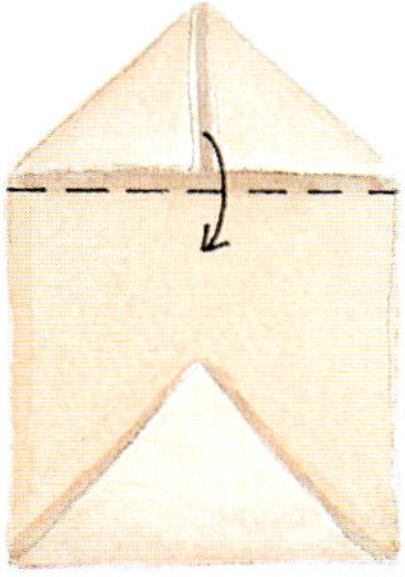

1. Pliez la serviette en deux. Repliez les quatre coins vers le centre du rectangle ainsi formé.

2. Pliez le triangle inférieur vers le haut.

3. Pliez le triangle supérieur vers le bas.

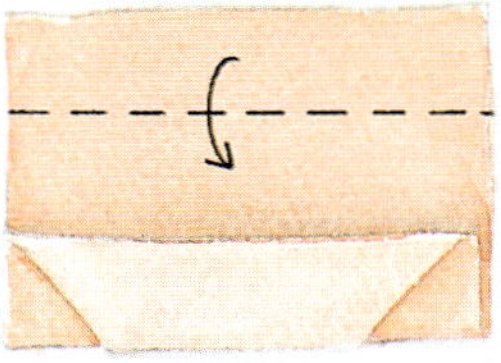

4. Retournez la serviette. Pliez le quart inférieur de la serviette vers le haut et le quart supérieur vers le bas.

5. Retournez la serviette.

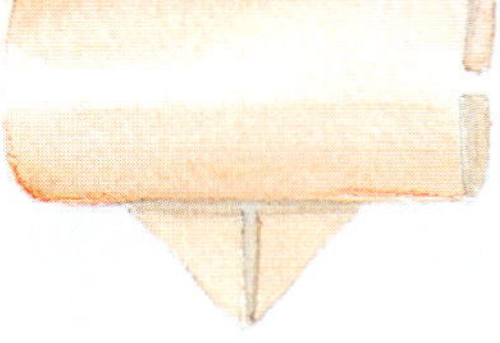

6. Rabattez les triangles supérieur et inférieur vers l'extérieur.

Original

Arc de triomphe

Ce modèle spectaculaire est assez difficile à réaliser. Pour y parvenir le jour J, entraînez-vous un peu à l'avance !

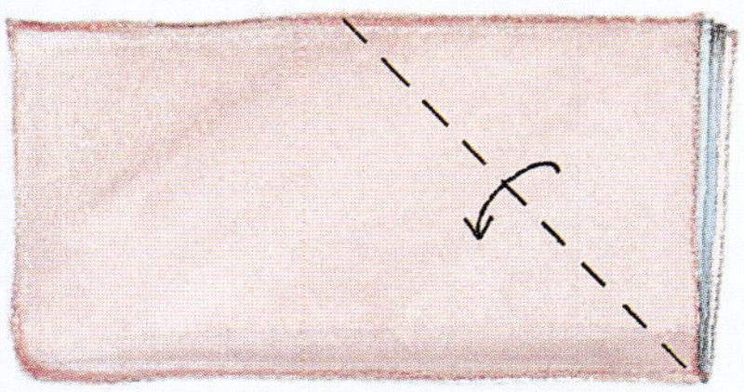

1. Posez la serviette bleue sur la serviette rose. Pliez-les en deux vers le haut, puis repliez l'épaisseur rose du coin supérieur droit vers le bas.

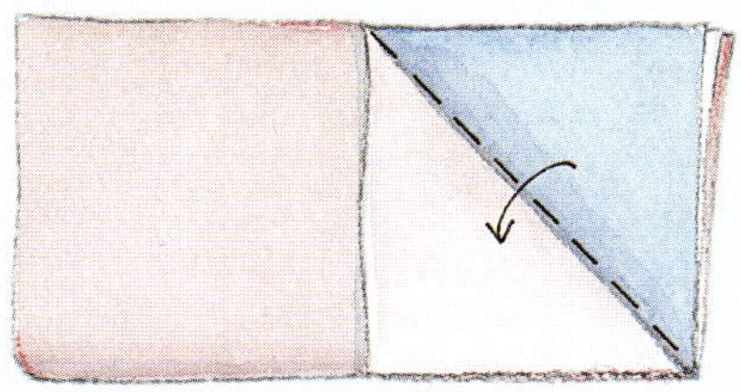

2. Pliez l'épaisseur bleue du coin supérieur droit vers le bas.

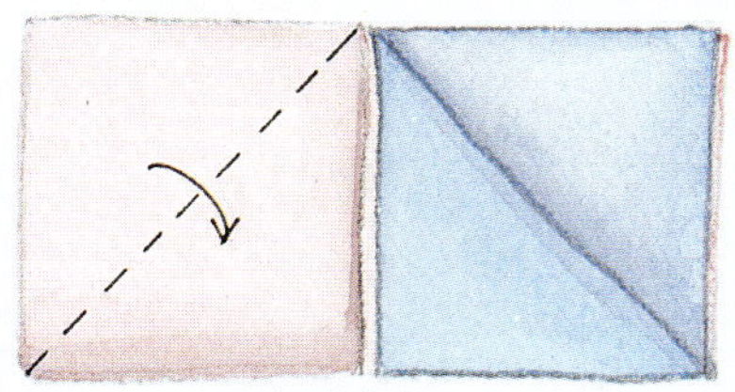

3. Pliez l'épaisseur rose du coin supérieur gauche vers le bas.

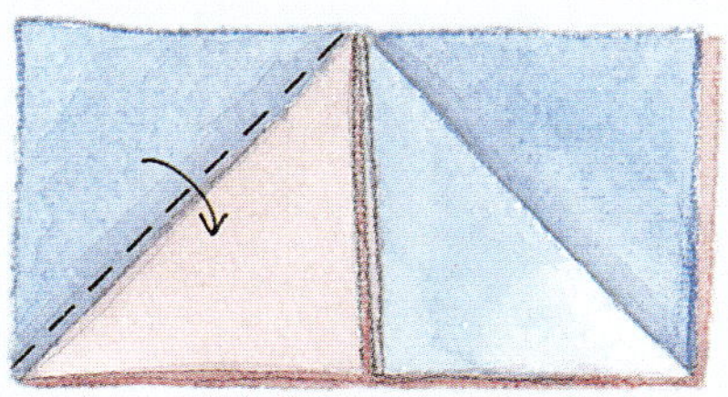

4. Pliez l'épaisseur bleue du coin supérieur gauche vers le bas.

5. Retournez la serviette.

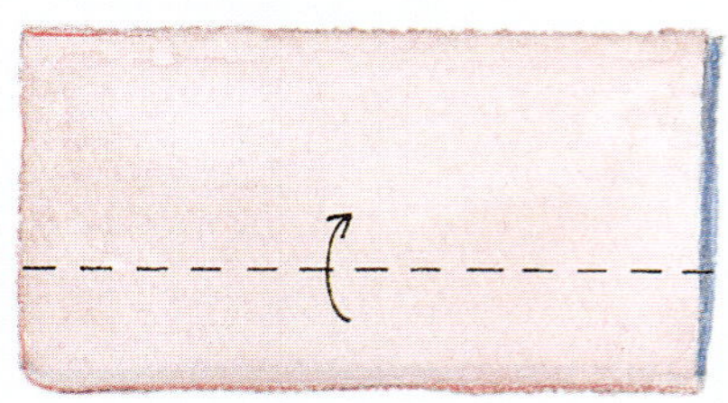

6. Repliez le tiers inférieur du rectangle vers le haut.

Original

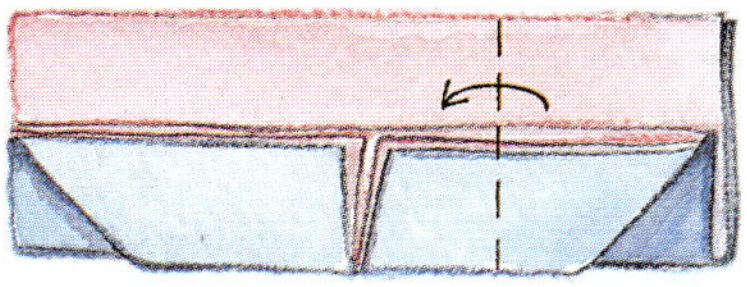

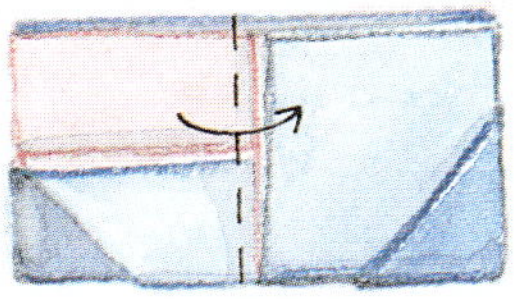

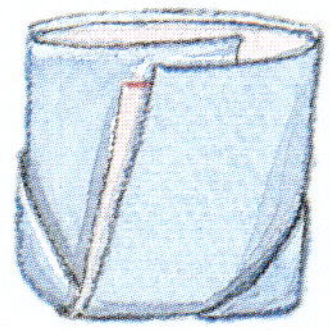

7. Repliez le tiers droit du rectangle vers la gauche.

8. Repliez le tiers gauche du rectangle vers la droite en glissant le coin inférieur droit du triangle à l'intérieur du tiers droit rabattu.

9. Posez la serviette debout.

Moulin bicolore

Choisissez de grandes serviettes de couleurs contrastées pour ce modèle, particulièrement décoratif sur une desserte ou un buffet.

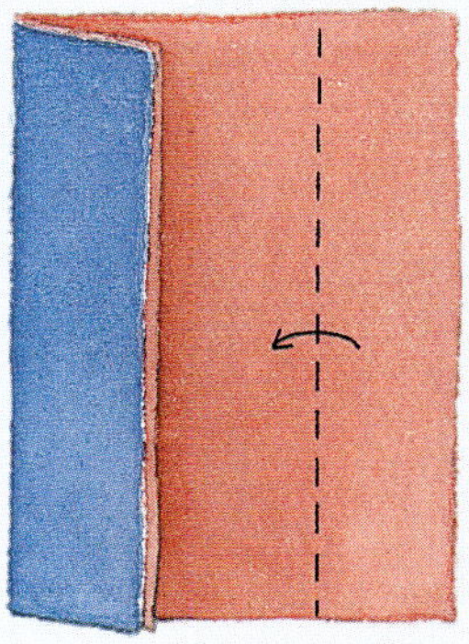

1. Posez la serviette rouge sur la serviette bleue. Pliez la moitié gauche en deux vers le centre. Pliez la moitié droite en deux vers le centre.

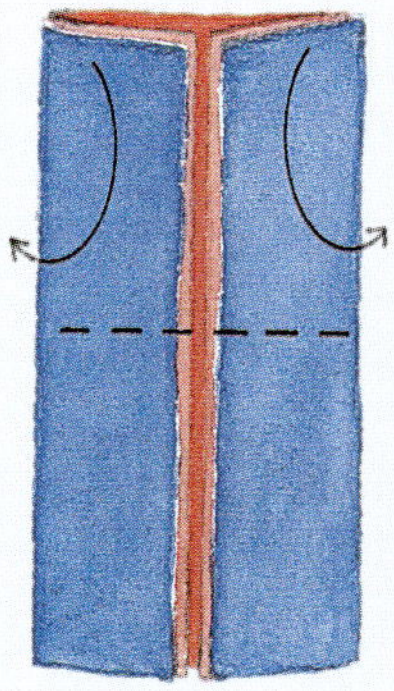

2. Amenez le bord supérieur sur le pli central horizontal en écartant les coins internes comme indiqué.

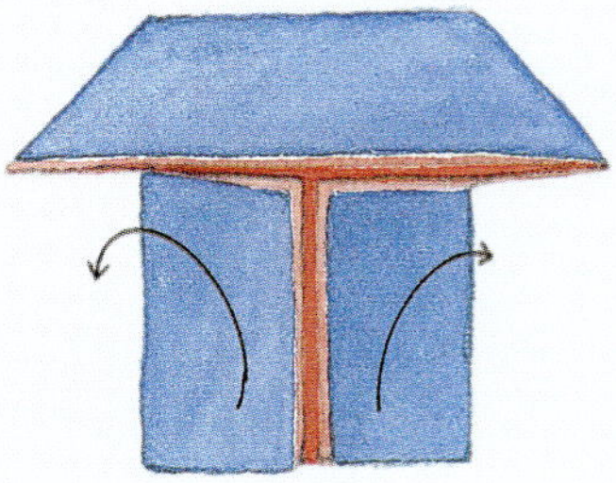

3. Procédez de même avec le bord inférieur.

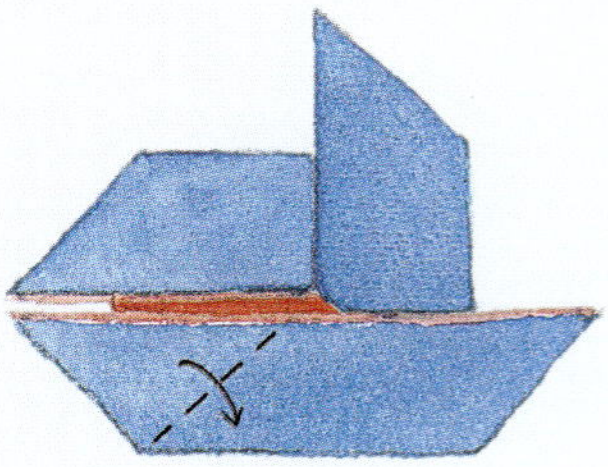

4. Pliez le coin supérieur droit vers le haut et le coin inférieur gauche vers le bas.

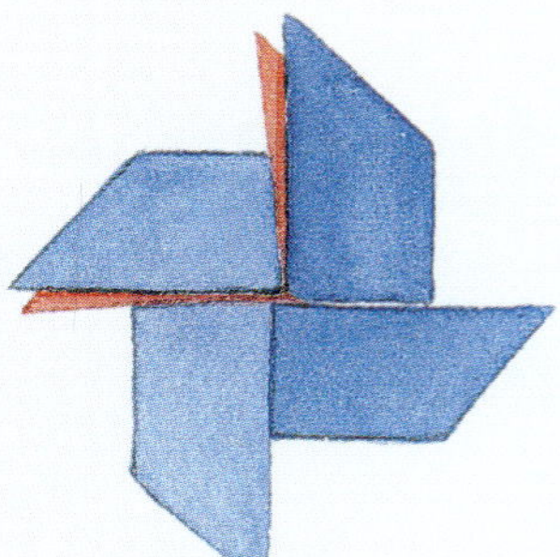

5. Tirez légèrement sur les pointes de la serviette rose pour les faire dépasser.

Le chevalier

Le chevalier se réalise avec une serviette de grande dimension et peut être plié à l'avance.

1. Pliez la serviette en deux vers la droite. Repliez tous les coins vers le centre.

2. Repliez le triangle inférieur vers le haut.

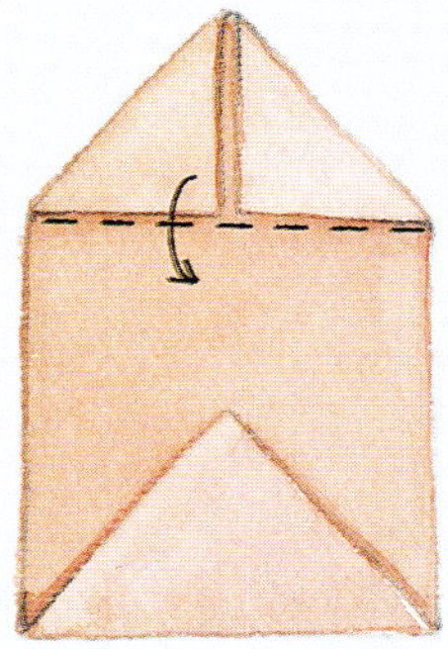

3. Repliez le triangle supérieur vers le bas.

4. Retournez la serviette. Pliez tous les coins vers le centre.

5. Retournez la serviette. Soulevez légèrement les deux carrés du dessus.

Le *phoque*

Cet adorable animal amusera à coup sûr les enfants invités à une fête d'anniversaire… et déridera sans doute aussi les grands !

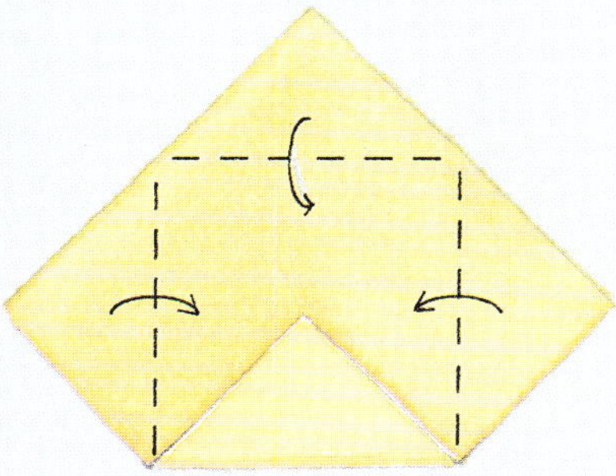

1. Posez la serviette en diagonale. Pliez tous les coins vers le centre du carré.

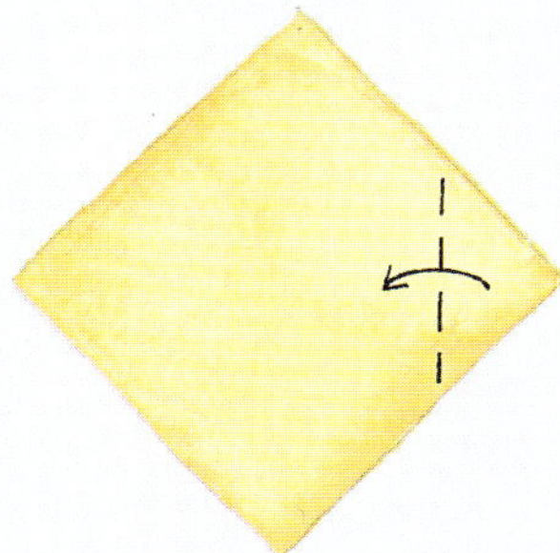

2. Retournez la serviette. Pliez le coin droit vers le centre.

3. Pliez les coins inférieur et gauche vers le centre du carré.

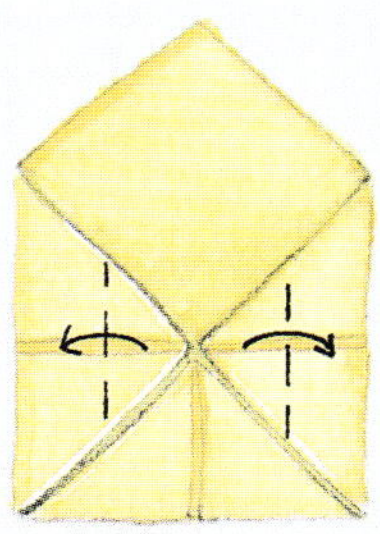

4. Repliez les coins gauche et droit situés au centre vers l'extérieur.

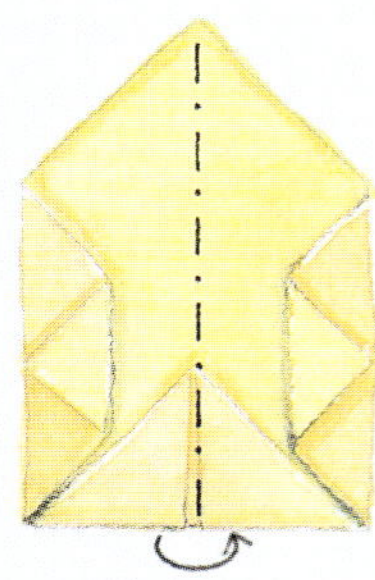

5. Pliez la serviette verticalement en deux vers l'arrière.

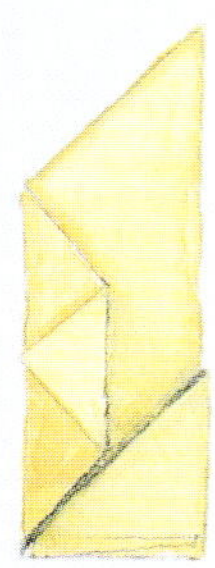

6. Tirez légèrement la partie droite de la serviette vers le haut.

Original

Suède

Ces serviettes aux couleurs du drapeau suédois accompagneront avec goût quelques savoureuses spécialités scandinaves.

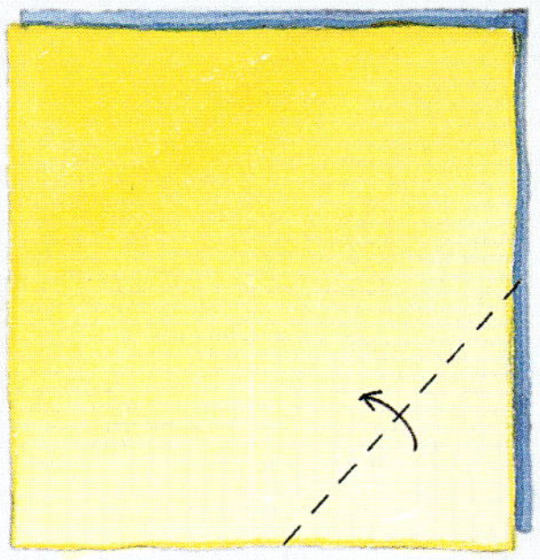

1. Posez la serviette jaune sur la serviette bleue. Repliez le coin inférieur droit en direction du centre du carré, mais pas tout à fait jusqu'au bout.

2. Procédez de même avec le coin inférieur gauche.

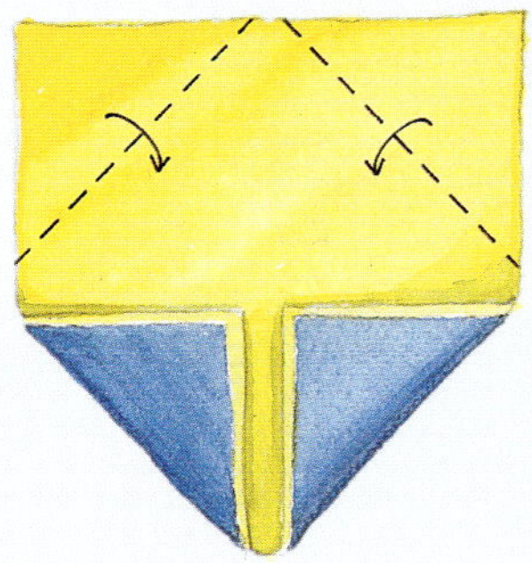

3. Procédez de même successivement avec les coins supérieurs droit et gauche.

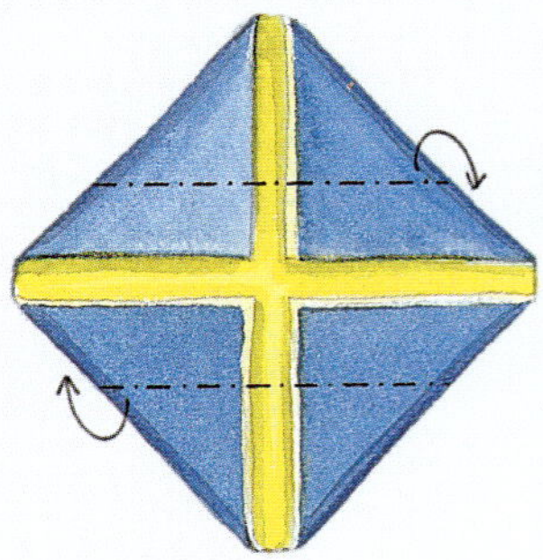

4. Rabattez les parties supérieure et inférieure de la serviette vers l'arrière.

5. Rabattez les pointes gauche et droite vers l'arrière en pliant suivant les pointillés.

Original

Espagne

Servez une armada de tapas ou une délicieuse paella à vos amis en souvenir de vos dernières vacances.

1. Pliez la serviette jaune horizontalement en deux vers l'arrière.

2. Posez la serviette jaune sur la rouge de manière à ne laisser qu'une étroite bande rouge en haut. Repliez la bande rouge du bas vers le haut.

3. Rabattez une partie de la bande rouge inférieure vers l'arrière.

4. Rabattez le bord gauche vers l'arrière.

5. Rabattez le bord droit vers l'arrière.

Le sablier

Ce modèle est parfait pour le réveillon du Nouvel An, puisqu'il nous rappelle combien le temps passe vite !

1. Pliez la serviette blanche verticalement en deux vers la droite.

2. Pliez la serviette bleue verticalement en deux vers la droite.

3. Posez la serviette bleue sur la serviette blanche.

4. Pliez les coins supérieurs droit et gauche vers le bas.

5. Pliez les coins inférieurs droit et gauche vers le haut.

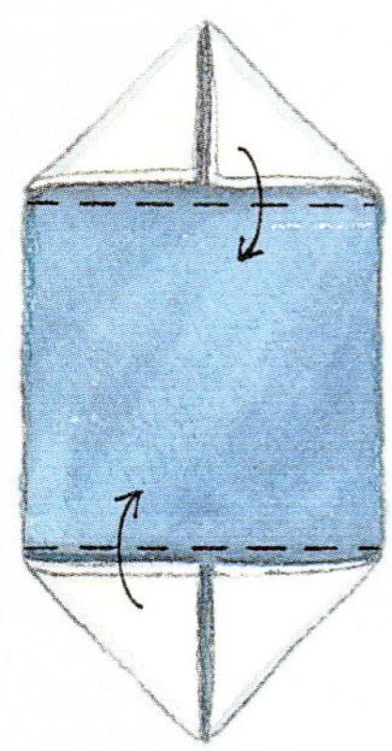

6. Repliez le triangle supérieur vers le bas. Repliez le triangle inférieur vers le haut.

O r i g i n a l

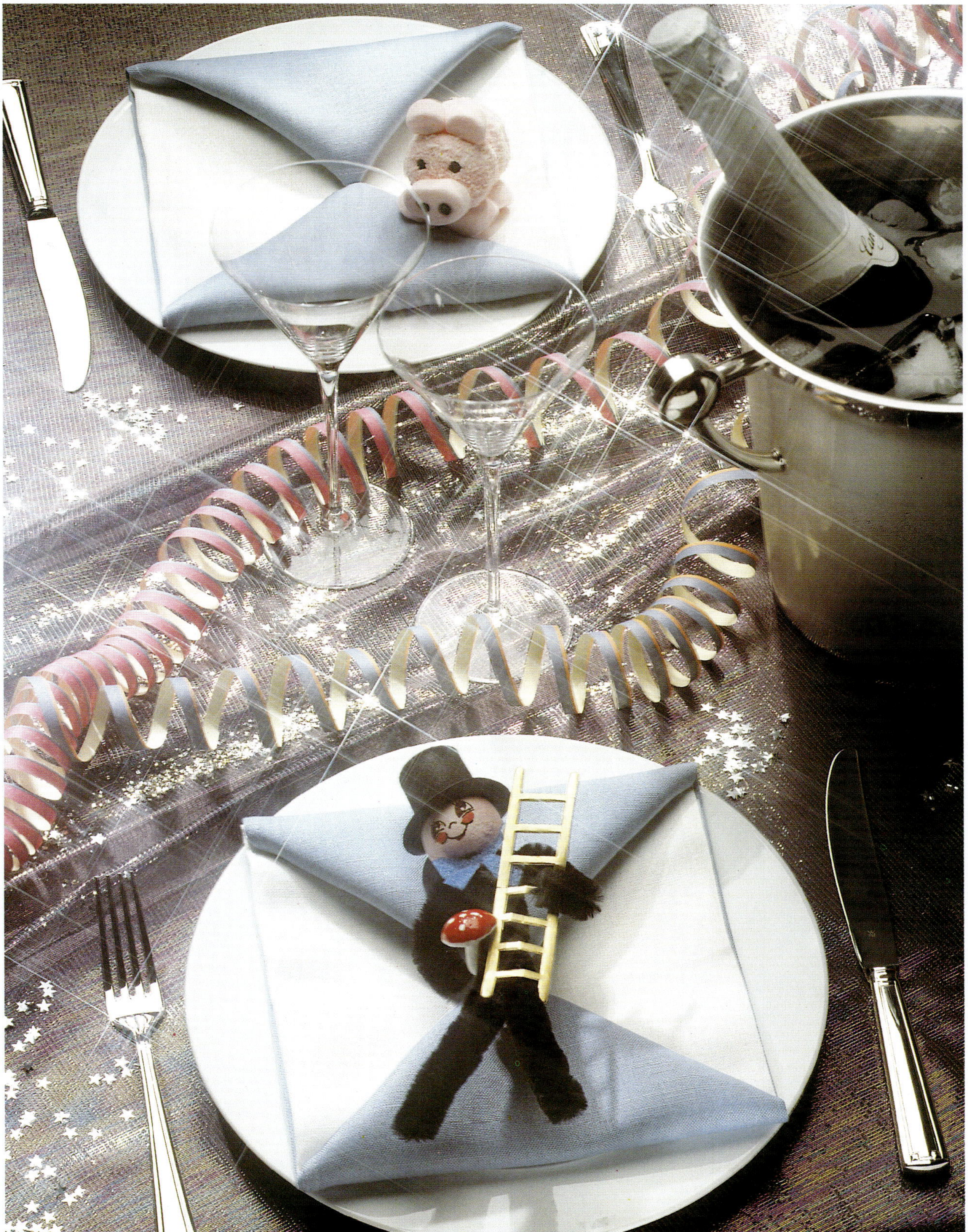

Eventail chinois

Ce superbe éventail sera du plus bel effet dans un rond de serviette en verre. Il n'est pas très facile à faire, mais entraînez-vous et vous y parviendrez sans problème.

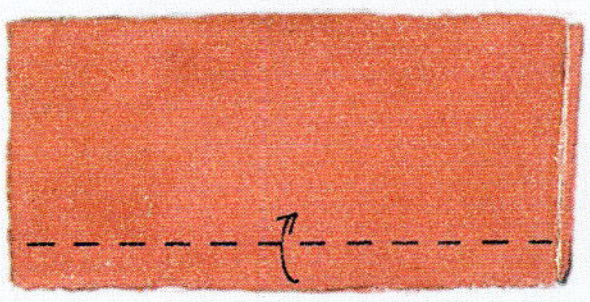

1. Pliez la serviette rouge en deux vers le haut. Repliez l'épaisseur du dessus vers l'avant selon une ligne parallèle au pli central.

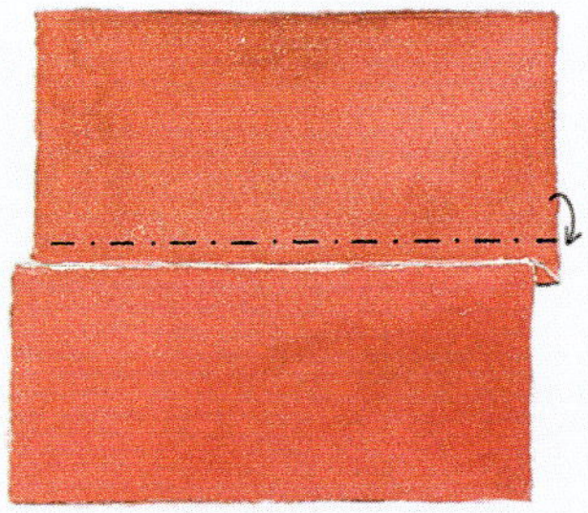

2. De même, repliez l'épaisseur du dessous vers l'arrière.

3. Vue de profil, la serviette forme un M.

4. Pliez la serviette gris anthracite en deux vers le haut.

5. Posez la serviette rouge sur la serviette anthracite. Rabattez la serviette anthracite vers le haut, par-dessus la serviette rouge.

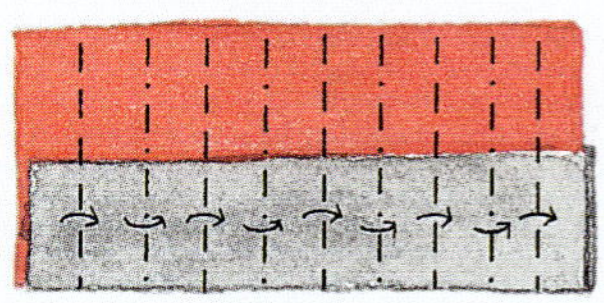

6. Pliez la serviette en accordéon.

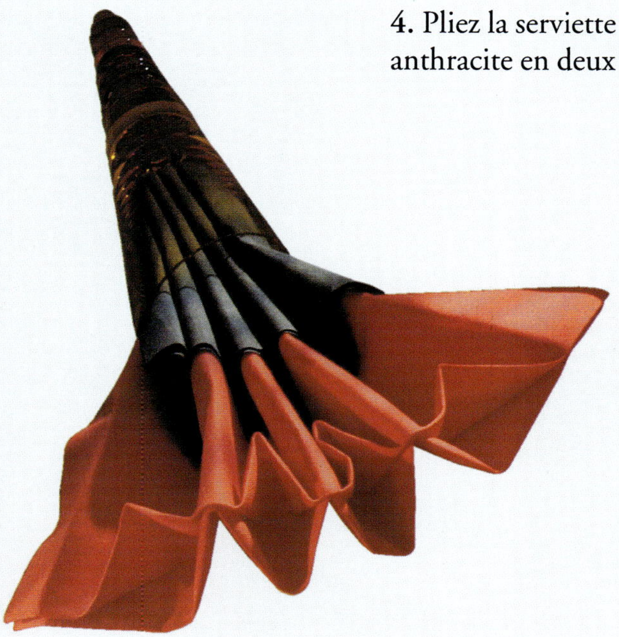

7. Tenez la serviette par le bas.

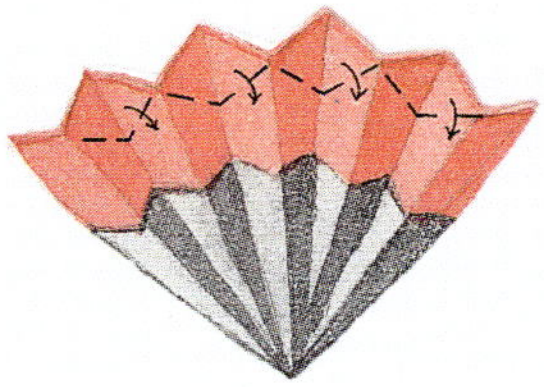

8. Pliez avec précaution vers l'avant (pli inversé) les coins de la serviette rouge tournés vers l'arrière.

9. Retournez la serviette et procédez de même de l'autre côté. Terminez en écartant le haut de l'accordéon.

Eventail japonais

Les plats japonais sont présentés comme une véritable œuvre d'art.
Pour être dans le ton, donnez à vos serviettes la forme d'éventails de geishas.

1. Pliez la serviette rouge en deux vers le bas. Repliez un sixième du côté gauche de la serviette vers le centre.

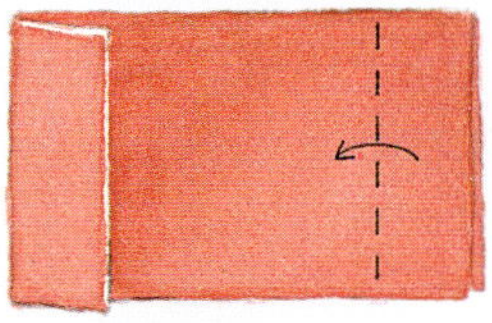

2. Repliez un sixième du côté droit de la serviette vers le centre.

3. Retournez la serviette.

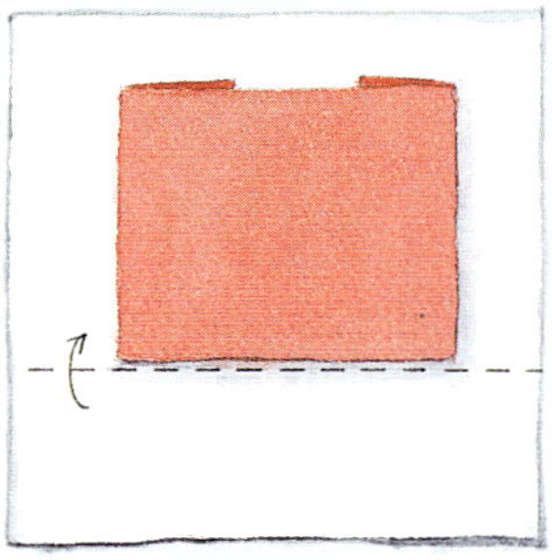

4. Posez la serviette rouge sur le haut de la serviette blanche. Repliez la partie inférieure de la serviette blanche vers le haut.

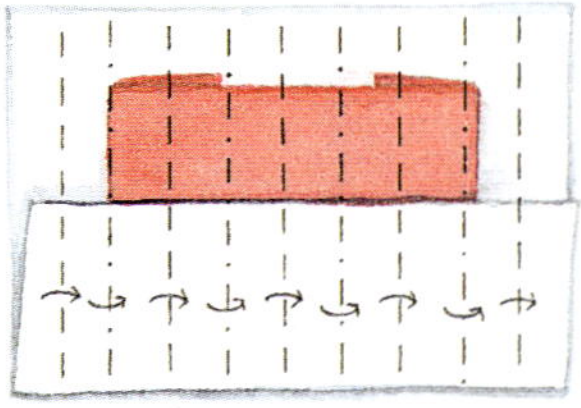

5. Pliez la serviette en accordéon en partant de la gauche.

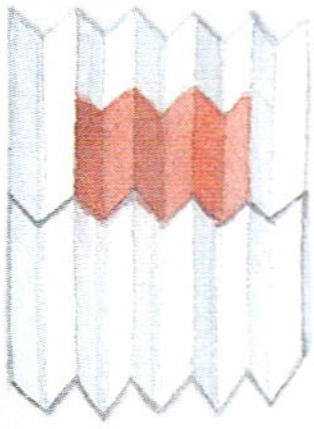

6. Ecartez le haut de l'éventail. Serrez le bas de l'éventail et entourez-le d'un bolduc rouge.

La truite

Humour et style s'associent ici pour annoncer aux convives qu'ils vont manger du poisson !

1. Pliez la serviette en deux selon la diagonale. Repliez le coin inférieur vers le haut.

2. Pliez le triangle de gauche vers le bas.

3. Pliez le triangle de droite vers le bas.

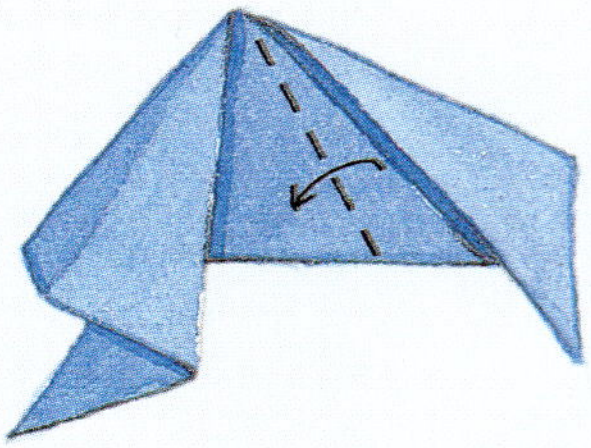

4. Repliez la partie gauche vers l'intérieur jusqu'au centre du triangle. Procédez de même pour la partie droite.

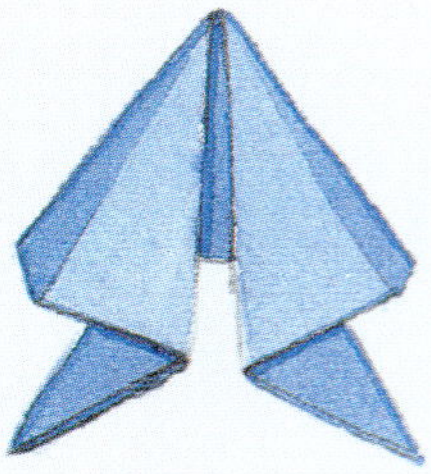

5. Retournez la serviette. Ornez d'un petit escargot de mer.

Le lapin de Pâques

Pas de repas de Pâques qui se respecte sans ce personnage aussi incontournable que les traditionnelles cloches. Vous pouvez même glisser un œuf dur ou un œuf en chocolat dans la boucle en dessous des oreilles.

1. Pliez la serviette en deux vers le haut selon la diagonale. Enroulez le triangle en commençant par la base.

2. Appuyez au centre de la serviette. Pliez les deux extrémités vers le haut pour former les oreilles.

3. Formez une boucle au centre pour y loger l'œuf.

4. Nouez les oreilles juste au-dessus de l'œuf à l'aide d'un bolduc.

Le Roi des *grenouilles*

Ce modèle amusant est un clin d'œil au célèbre conte de fée et conviendra pour un goûter d'enfants.

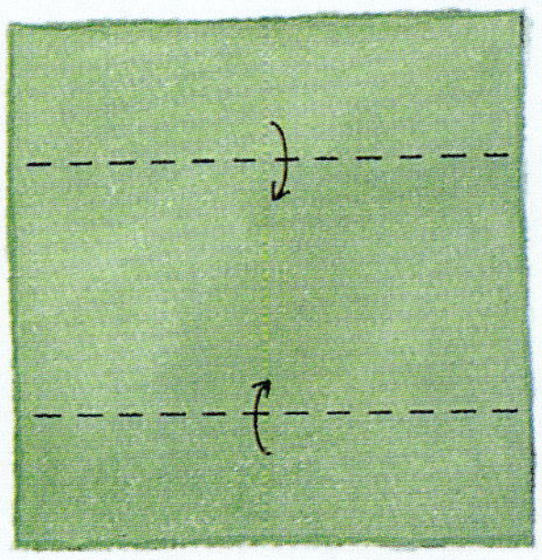

1. Pliez le quart supérieur de la serviette vers le bas et le quart inférieur vers le haut.

2. Retournez la serviette.

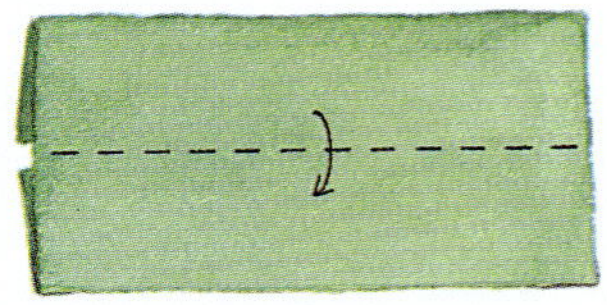

3. Pliez la serviette horizontalement en deux vers le bas.

4. Repliez la première épaisseur du coin supérieur droit vers l'avant.

5. Rentrez le coin supérieur droit entre les deux épaisseurs suivantes de serviette (pli inversé).

6. Repliez la dernière épaisseur du coin supérieur droit vers l'arrière.

7. Procédez de la même façon du côté gauche.

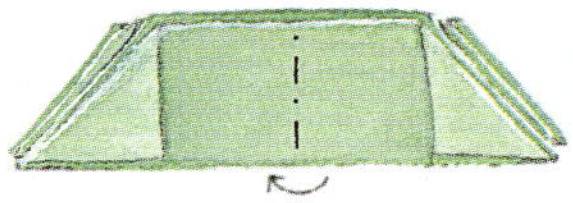

8. Pliez la serviette en deux vers l'arrière.

9. Posez la serviette debout. Collez des gommettes jaunes en guise d'œil.

Smoking

Terminez une soirée à l'opéra ou au théâtre avec un dîner fin en smoking ! N'oubliez pas les bougies !

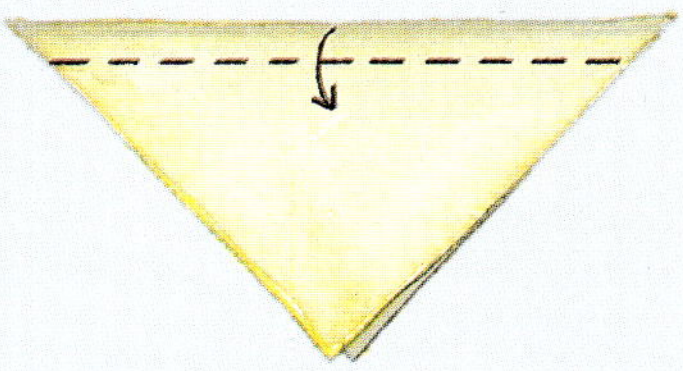

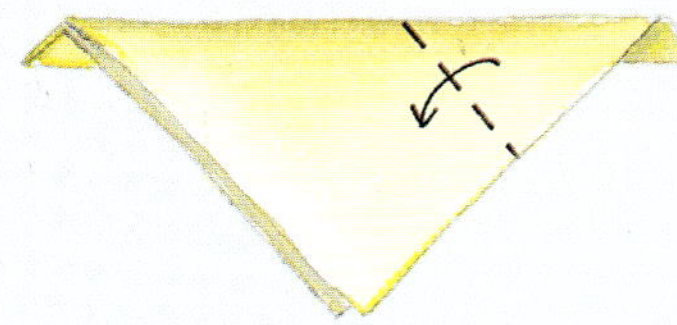

1. Posez la serviette en diagonale. Pliez-la en deux et repliez une bande parallèlement au pli central.

2. Retournez la serviette.

3. Pliez le coin droit légèrement en biais vers le bas.

4. Pliez le coin gauche légèrement en biais vers le bas.

5. Rabattez les coins droit et gauche vers l'arrière.

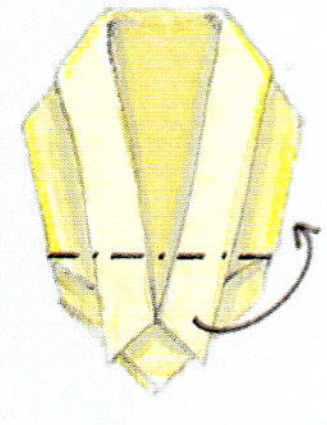

6. Pliez le bas de la serviette vers l'arrière. Posez un nœud papillon en bristol noir.

Avec accessoires

Le bouquet

Posé sur une table ou un buffet, ce bouquet haut en couleurs assurera un accueil chaleureux à vos convives.

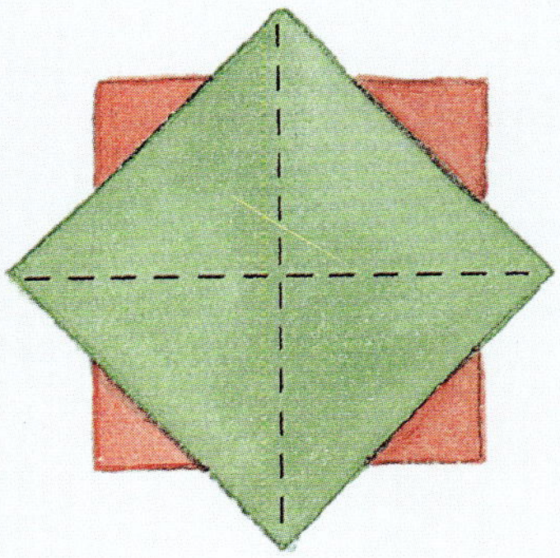

1. Posez la serviette verte sur la serviette rouge. Saisissez-les par le centre et soulevez-les, puis « secouez »-les.

2. Formez la tige du bouquet en tordant les deux serviettes à partir du centre.

3. Nouez un bolduc rouge en haut de la tige.

Pleine lune

Ce modèle évocateur est parfait pour les dîners en tête à tête.

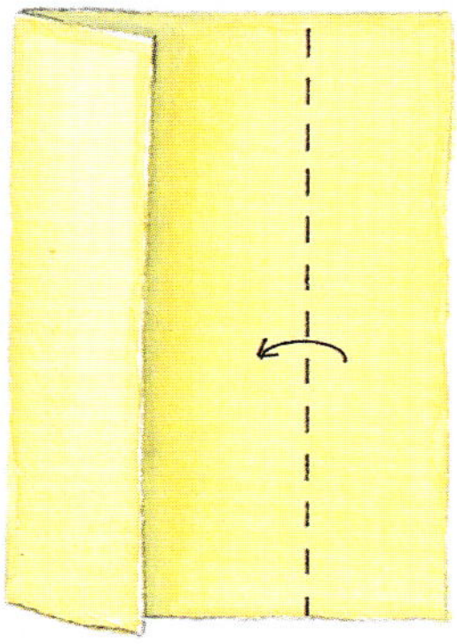

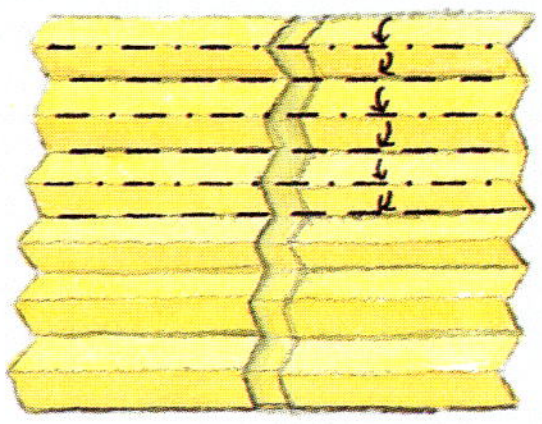

1. Pliez le quart gauche de la serviette vers le centre.

2. Pliez le quart droit de la serviette vers le centre.

3. Pliez la serviette en accordéon. Maintenez l'accordéon en son centre et attachez-le avec un ruban.

Soirée de gala

Deux serviettes sont nécessaires pour réaliser ce pliage peu commun qui allie rigueur et fantaisie.

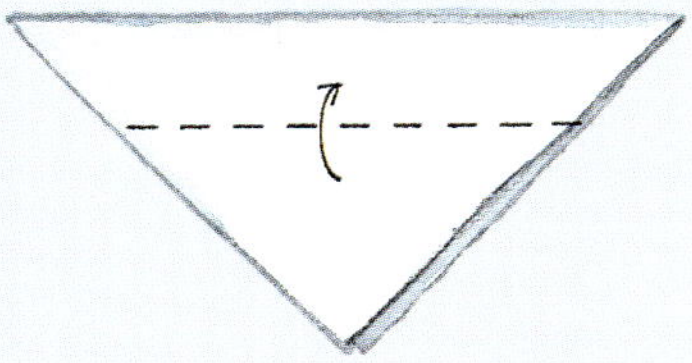

1. Pliez la serviette blanche en deux vers le bas selon la diagonale. Repliez le coin inférieur vers le haut.

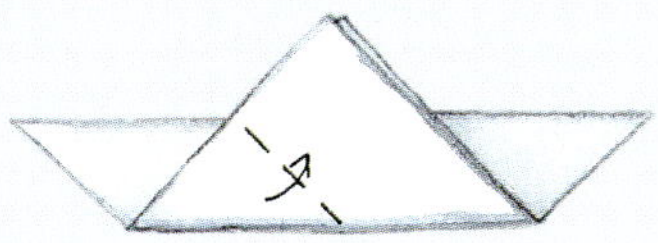

2. Pliez le coin gauche vers le haut selon le pointillé.

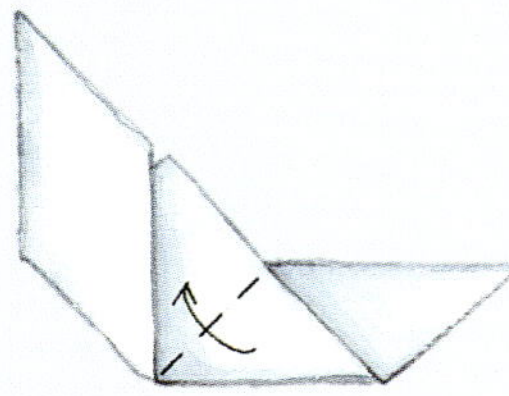

3. Pliez le coin droit vers le haut selon le pointillé.

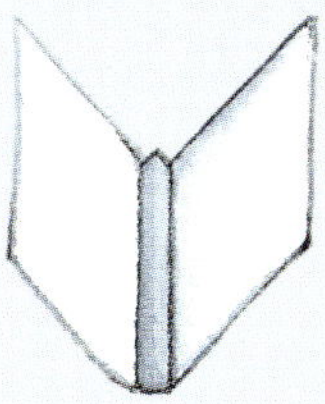

4. Soulevez les deux extrémités avec le pouce, tournez-les vers l'intérieur et glissez-les l'une dans l'autre.

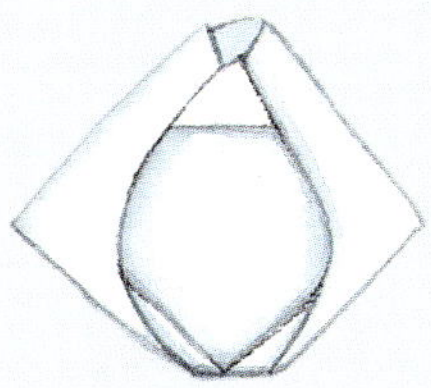

5. Posez la serviette debout.

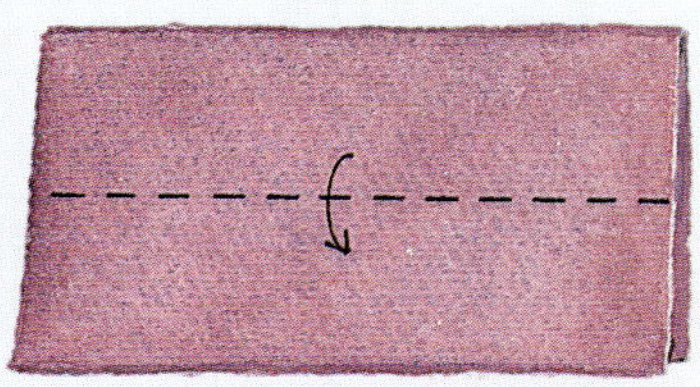

6. Pliez la serviette violette en deux vers le bas. Repliez le rectangle ainsi obtenu vers le bas.

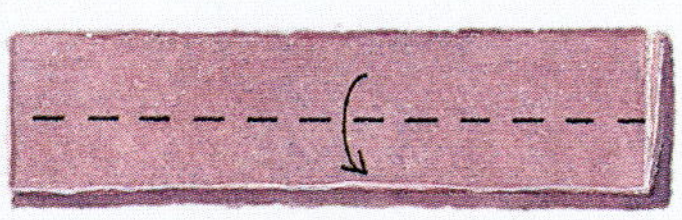

7. Repliez la serviette en deux de telle sorte qu'il ne reste plus qu'une étroite bande.

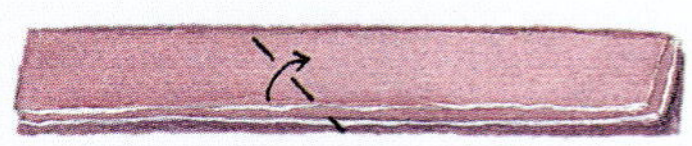

8. Pliez la partie droite par-dessus le centre de la bande.

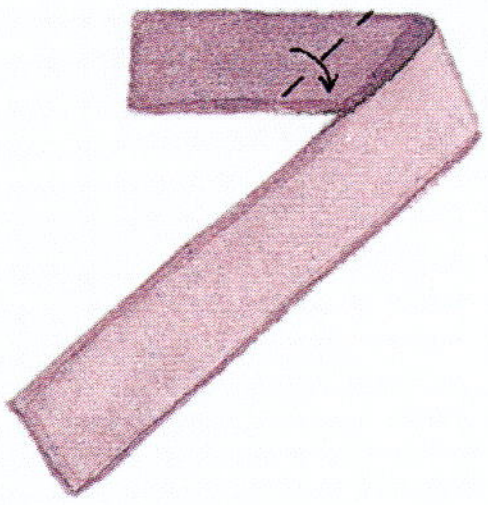

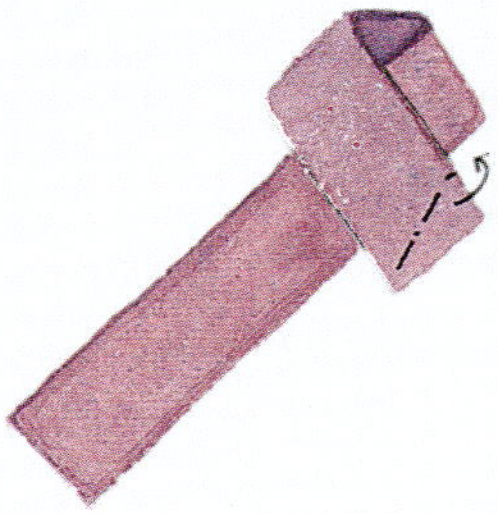

9. Pliez la partie gauche (la plus courte) vers la droite.

10. Glissez la partie la plus courte derrière la serviette.

11. Disposez la cravate terminée sous un bougeoir.

Tableaux récapitulatifs

On ne décore pas une table d'enfants comme celle d'un repas mondain et les pliages choisis doivent tenir compte de l'occasion. Certaines formes creuses permettent d'y cacher de petits présents, tandis que d'autres, peu encombrantes, tiennent dans un verre et sont parfaites quand on manque de place.

Pour vous faciliter la tâche, nous vous présentons dans les pages suivantes un récapitulatif des modèles de l'ouvrage classés par catégories.

Buffets

Sandwich

Chevalier

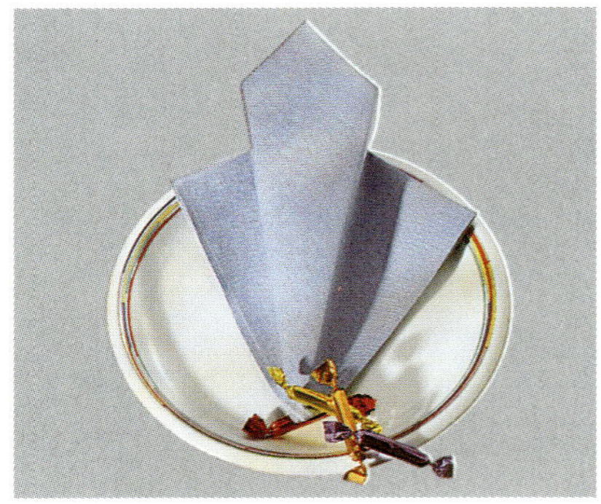

Avion de chasse

Croix du Sud

Nénuphar

Oursin

Traîne

Pleine lune

Colombe

Réceptions en plein air

Lettre d'amour

Cornet glacé

Sandwich

Ecrin

Corbeille à pain

Couronne doublée

Nénuphar

Moulin

Soutane

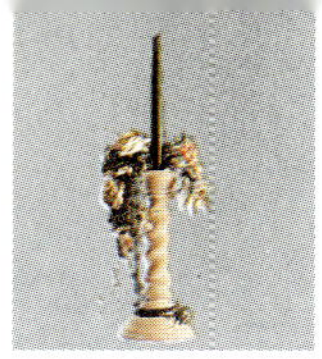

Fêtes d'enfants

Fer de lance

Cornet glacé

Cornet surprise

Montagne

Felouque égyptienne

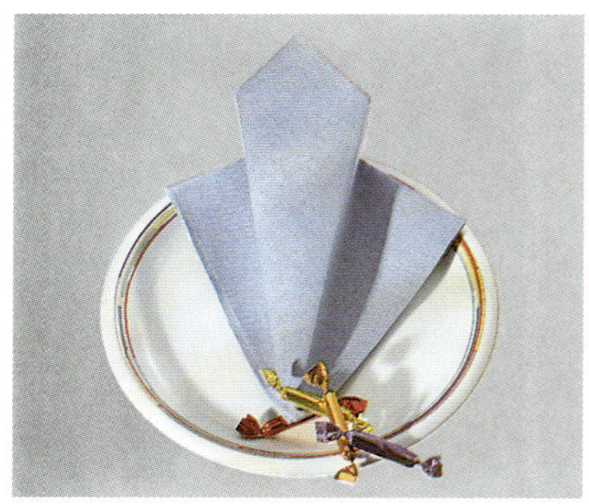

Avion de chasse

Spectre

Roi des grenouilles

Lapin de Pâques

Sur la table

Harpon

Arc de triomphe

Smoking

Cathédrale

Pochette

Porte-couverts

Le pour et le contre

Suède

Pantoufle

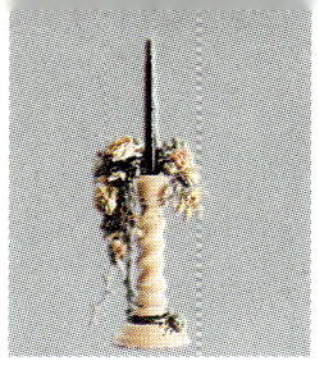

Dans un verre

Obélisque rayé

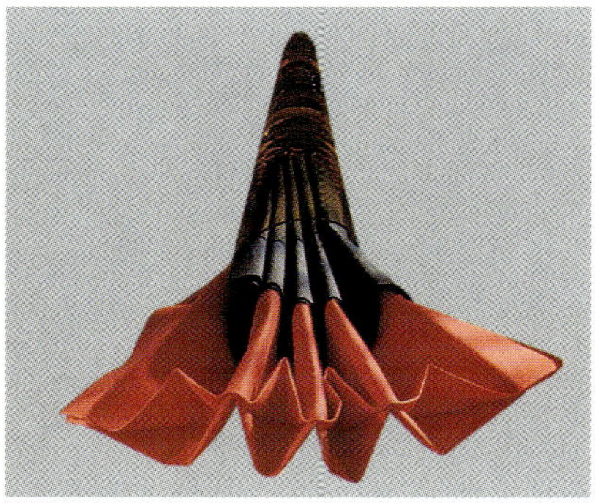

Eventail chinois

Eventail japonais

Repas à thème

Lettre d'amour

Cornet glacé

Cornet surprise

Pochette surprise

Pochette surprise bicolore

Chevalier

Espagne

Soutane

Chemise

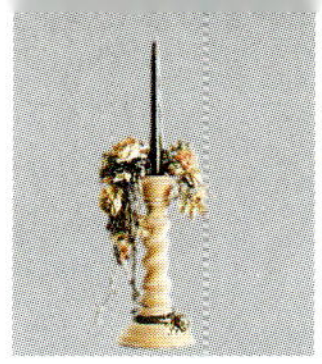

Serviettes surprises

Pochette surprise bicolore

Couronne

Feuille de lilas

Fleur de lys

Croix du Sud

Tourteau

Fleur de lotus

Fleur de lotus bicolore

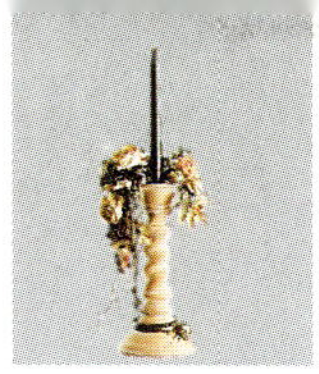

Repas de fête

Pochette surprise

Moulin bicolore

Ecrin

Chevalier

Couronne doublée

Fleur de lys

Nénuphar

Cygne

Soirée de gala

Cocktail

Moulin bicolore

Ecrin

Corbeille à pain

Couronne

Couronne doublée

Tourteau

Fleur de lotus

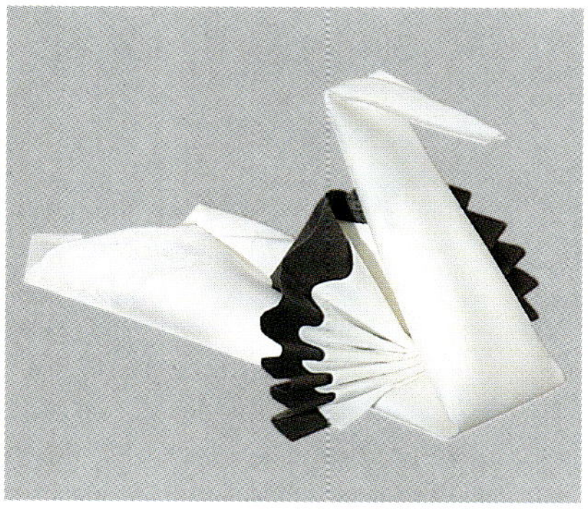

Cygne

Sablier

Sur une assiette ou un plat

Pochette surprise

Pochette surprise bicolore

Moulin bicolore

Soutane

Chemise

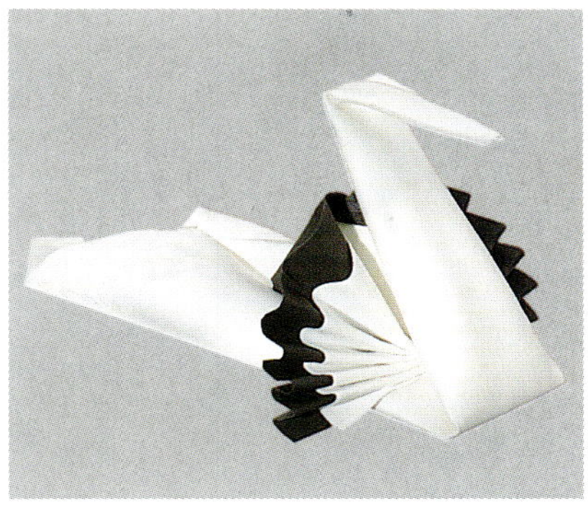

Cygne

Truite

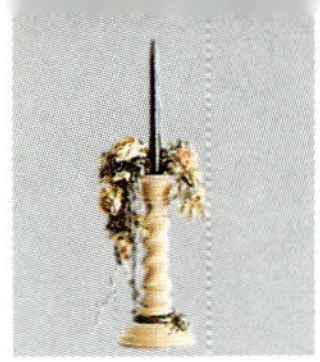

Décor de table

Pointe bicolore

Phoque

Eventail bicolore

Jonque rose et mauve

Sydney

Colombe

Chapeau bicolore

Bouquet

A *plier*
à l'avance

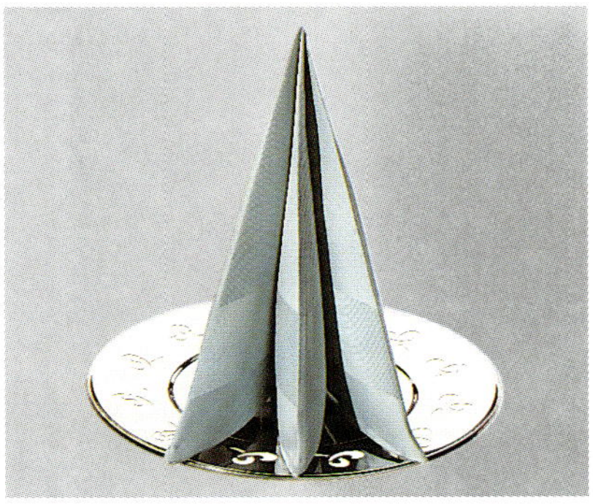

Fer de lance

Moulin

Ecrin

Corbeille à pain

Couronne

Croix du Sud

Tourteau

Fleur de lotus

Fleur de lotus bicolore

Titre original de cet ouvrage : So falten Sie Servietten
Traduction : Véronique Cebal
Secrétaire d'édition : Catherine Pelché

ISBN : 2-263-02741-6
Code éditeur : S02741
Dépôt légal : mai 1998
Photocomposition : *CMB* Graphic, Saint-Herblain
Imprimé en Espagne par Gráficas Estella, S.A.

Illustrations : Katja Rosenberg et Petra Schwarzmann, Wiesbaden
Photos : Angela Francisca Endress, Usingen/Eschbach, à l'exception de : Archiv für Kunst und Geschichte, Berlin : pages 8-9 (Auguste Renoir : le Déjeuner des canotiers) ; 10, à gauche (Johann Michael Voltz : Das Mittagessen) (le Déjeuner) ; 10-11 (William Pape : Diner am kaiserlichen Hofe) (Dîner à la cour impériale) ; 11 à droite, 12 en haut (Das Abendessen) (le Dîner), 13 (Louise Abbema : Mittagessen im Gewächshaus (le Déjeuner dans la serre) ; Droemer Knaur Verlag, Munich : page 12, en bas (Die anständige Lust) (le Plaisir dans les règles de l'art) ;
Deutsche Duni GmbH, Bramsche : pp. 6 en haut, 7 en bas, 14-15, 18, 21, 22, 23, 130-131 ;
Gisela Kelbert, Idstein : p. 9 à droite et toutes les vignettes des pages 8 à 13 ; FALKEN Archiv/Erbelding : p. 16/Photo-Illustrations Ltd : pp. 40, 44, 50, 52, 54, 88, 110, 114, 136 et toutes les vignettes des pages 132 à 143/Tessmann & Endress : pp. 5, 7 en haut, 17, 19, 32, 122 et toutes les vignettes des pages 16 à 37/TLC-Foto-Studio GmbH : pp. 4, 118/Michael Zorn : pp. 66, 104.
Stylisme des photos prises par Angela Francisca Endress : Cordulla Schill, Francfort.